江戸時代のオタクファイル

辛酸なめ子

淡交社

まえがき

趣味を持つことや「推し」がいることの豊かさが言われて久しい昨今。コンサートやファンミ、ネット配信、グッズ購入、ぬいぐるみやアクスタとお出かけ、SNSのチェックなどさまざまな推し活ライフを楽しんでいる現代人。

時代をさかのぼって、江戸時代の頃にオタク活動をしていた人がいた、と言ったら驚く人もいるかもしれません。私たちから十代、二十代前のご先祖も、もしかしたら何かにハマっていた……？　と想像するだけで親近感がわいてきます。

この本では、江戸時代に充実したオタクライフを送っていた方々をピックアップさせていただいています。例えば、象が大好きで遠い異国から呼び寄せてしまった将軍や、珍しい石や貝を蒐集した人、朝顔を心を込めて育てていたら夢に朝顔の精が出現した人、現代のVRゴーグルののようなのぞき眼鏡にハマった人、歌舞伎役者を推していたお姫様など。

もちろんネットもテレビもない時代なので、自分の足で歩いて調べたり、より詳しい人に会いにいったり、手紙を書いたりして、自分の好きな世界を探求していました。メールやＳＮＳがないかわりに、夢というメディアで交信することも……。

現代は、一日に得られる情報量が江戸時代の約一年分の情報だという説もあります。今の人は電車でもどこでもスマホを眺めて、脳内が情報で混線し、さらにエネルギーが吸い取られてしまっているようです。情報が次々と上書きされ、めまぐるしいです。推し活にしても、情報の供給が多すぎる傾向にあるようです。

もしかしたら江戸時代のほうが、好きなものにじっくりと向き合うことができて、情報の密度も濃かったのかもしれません。雪の結晶一つとっても、今は一瞬で検索してわかった気になっていますが、江戸時代は観察して手書きで丁寧に写生し、分類して本にまとめたお殿様もいました。その情熱が人びとにも伝わり、雪の文様ブームまで巻き起こしました。

江戸時代のマニアな人びとは、対象物と対話しながら、豊かなオタクライフを築いていたのです。ネットやデバイスにエネルギーを使っていないぶん、体力も十分あって、情熱の赴くままに行動できたのでしょう。そして、彼らが集めた密度の濃い情報は、忘れ去られることなく、こうして現代にも伝えられています。

今、何かにハマっている人も、特に好きなものがない人も、数百年前のオタクの方々の存在に刺激されて、新しい世界の扉が開いたら大変光栄です。

目次

2章 江戸時代中期

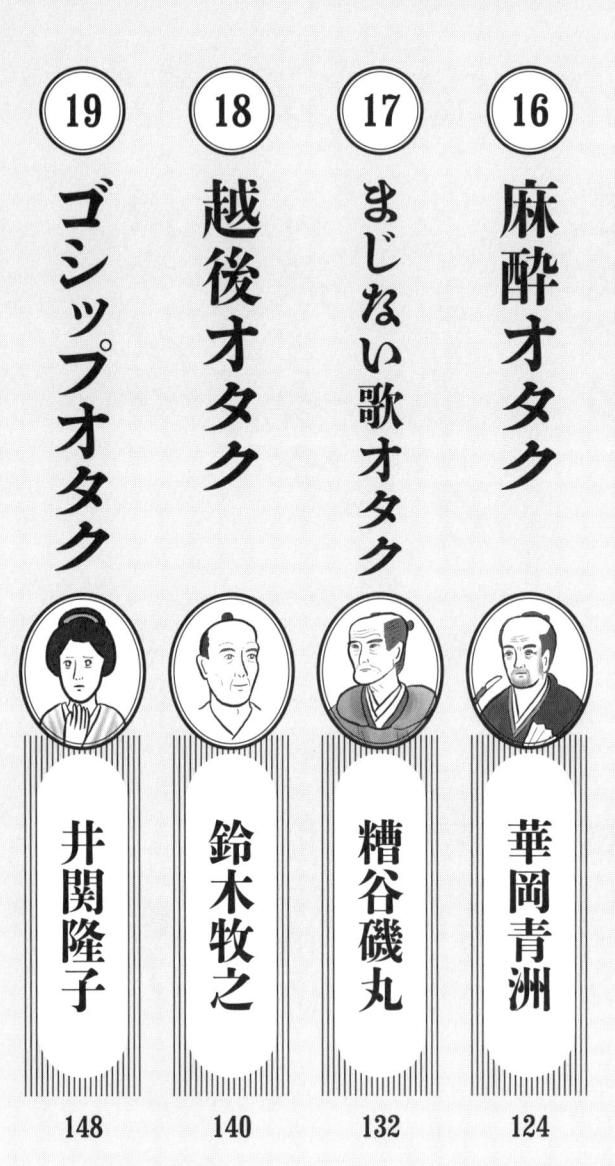

・本書の内容には諸説あるものがあります。また、内容には一部演出を含んでおりますが、登場する人物を批判するものではありません。
・史料からの引用文中の表記は、現在の仮名遣いや使用漢字と異なる場合があります。また、一部の表記や句読点を改めています。
・章立てに用いた江戸時代前期・中期・後期という区分は、文化庁重要文化指定目録の基準によるものを採用しています。

1章 江戸時代前期

慶長8年(1603)～延宝8年(1680)

衣食住にまつわるものや「猫がかわいい」「象を見たい！」など、人間の根源的な欲求に起因するものが見られる時代。権力者が多く登場することから、オタクがオタクでいるためには金銭的な余裕が必要だった時代ともいえる。

01 美食オタク

～麺類偏愛～
徳《とく》川《がわ》光《みつ》圀《くに》

うどん、ラーメン、甘味などを好む美食家だった水戸光圀公

江戸時代に今のラーメン的な料理を愛好

印籠の中には薬が入っていたそうなので、食べすぎて苦しくなったら飲んでいたのかもしれません……

「水戸黄門」の名で今も人気の水戸藩主、徳川光圀《とくがわみつくに》。寺社改革や水道の整備、貧民の救済などの改革を行った賢者とされていますが、別の分野でもアグレッシブな一面を見せていたようです。それは……グルメ。

特にうどんやラーメンなど麺類が大好きで、日本でいち早くラーメンを食べたことでも有名です。

麺オタクになったきっかけは十代の頃の早熟な体験。後世には名君と伝わる光圀公ですが、十代の反抗期はやんちゃだったようで吉原に通っていました。そこで庶民の食べものであるうどんの味を覚えたといいます。江戸時代の初期は蕎麦よりうどんが大人気で、町にはうどん屋とそうめん屋が並んでいたそうです。武家では「ハレの日」に食べるという習わしのうどんが、浅草に来れば食べ放題……ということで、光圀公は食べ比べに勤しみました。浅草にあった瓢箪屋という人気店には、光圀公も通ったのではないかと推察されています。

うどん好きが高じて、光圀公はうどん屋の主人に作り方を教わり、自分でうどんを打つこともあったようです。ある時、家臣の原忠右衛門が光圀公を訪ねると、うどん

略歴

1628〜1700。水戸藩2代藩主。徳川家康の孫にあたる。歴史書『大日本史』を編纂し、のちの水戸学の発展に貢献した。

と冷や麦（小麦から作られる麺。うどんに比べて細い）でもてなしてくれました。忠右衛門は麺を打つリズムや切る時の手さばきに驚いたそうです。どこでこのような技術を身につけたのか恐る恐る聞いてみると「我若き時、江戸浅草辺にてこれを造るを見て、度々その真似をしてその拍子を覚へて、後しばしば手製したり」と答えたというのが立原翠軒による『西山遺聞《せいざんいぶん》』に残っています。

　味の感想については書かれていませんが、藩主のお殿様手作りのうどん、全力で「おいしいです」と褒めちぎらないと大変なことになりそうです。とはいえ、うどんでもてなしたエピソードからは、家臣の殉死禁止令を出した優しい光圀公の人柄が伺い知れます。光圀公がライフワークとして編纂に携わった『大日本史』には「黄門うどん」についての記述もあったそうです。

　うどん以外ではラーメンにもハマりました。きっかけは、明から亡命した儒学者の朱舜水《しゅしゅんすい》。尊敬する伯父であり尾張藩主の徳川義直《とくがわよしなお》から「朱舜水を呼び寄せれば儒学の真髄が学べるぞ」と言われ、向学心が刺激された光圀公は、長崎に家臣を遣わせて招致を打診します。最初は難色を示していた朱舜水ですが、説得されてついに水戸藩へ。はじめ、明の学者と聞いた時、もしかしたら儒学だけでなく中国伝来の食も学べる、と期待を膨らませていたかもしれません。朱舜水が献上した品には「唐茶」「竜《りゅう》眼肉《がんにく》」「瓜子（グアズ）」「蜜漬棗《なつめ》」「蜜仏手柑《みつぶっしゅかん》」「火腿《かたい》」といった中国の珍しい食材がありました。光圀公の喜ぶ姿が想像できます。そのなかにあった「藕紛（オウフェン）」は蓮根パウダーで、中国では麺を打つ時のつなぎに使われたそうです。おいしくて体によさそうです。

光圀公は朱舜水をうどんでもてなし、朱舜水は光圀公を中国の平打ち麺でもてなし返す、という麺を通じた交流が生まれました。朱舜水は光圀公に麺打ちだけでなく、

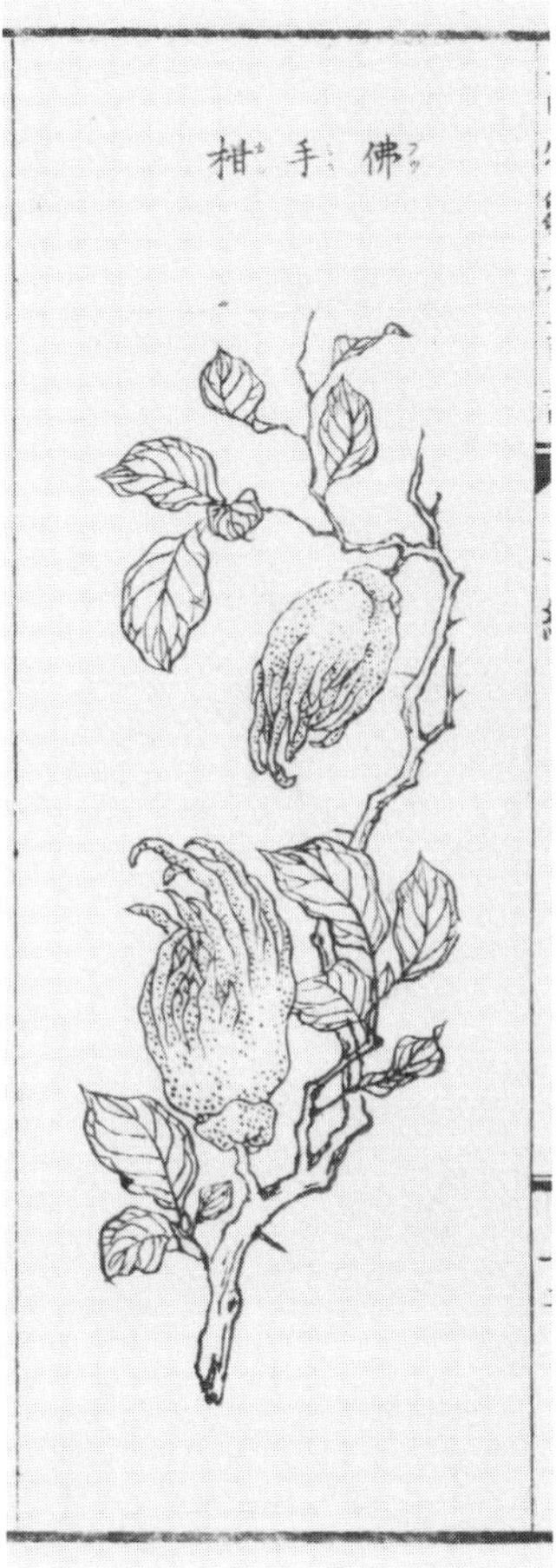

仏手柑の絵

小林永濯画　萬物雛形画譜

薬味の調合まで教えました。ただの学者ではなくここまで料理に詳しいとは、光圀公にとっては運命の師匠です。もちろん食だけでなく、経済学、田畑の作り方や家屋の建て方など、実生活にも役に立つあらゆる知識を授けてくれたそうです。麺料理が目の前にあったからこそ、学問のモチベーションが高まったのかもしれません。

光圀公は麺類だけでなく甘いものもお好きだったようです。饅頭や羊羹、葛餅、笹ちまき、山椒餅、葛きりなど……。光圀公が西山荘《せいざんそう》（茨城県常陸太田市）に隠居してから親しく交流していた僧侶・日乗《にちじょう》による『日乗日記』には、饅頭の差し入れが頻繁にあったことが記されています。

あらゆるグルメを堪能した光圀公ですが、隠居してからも大好きな麺類三昧の日々だったようです。『日乗上人日記』には「日暮れて御そばきり出る」「日暮れて御うどん奉る」「晩方ひへむぎ」「うどん召上らる」「御そばきり出す。新そばなり」など麺を食べた記録がたくさん綴られています。また、麺好きとして知られていた光圀公のもとには、「妙徳寺そばこ献上」「能登守殿より御使者あり。御進物そばこ」「きりむぎの粉壱斗献上」「献上物うどんの粉壱斗箱入」など、各地からうどん粉や蕎麦粉、麦粉の献上もあり、かなり充実した老後ライフです。お取り寄せの元祖のようでもあります。

光圀公は七三歳まで長生きしているので、好きなものを食べる生活がストレスフリーで一番健康によい、ということなのでしょう。もしくは、長生きできるようにという願いが込められた、縁起物食材である麺の御利益のようにも思えます。

時代劇「水戸黄門」では諸国を行脚《あんぎゃ》しているイメージがありますが、実際は本人が各地を旅したという記録は残っていないようで、家臣が派遣されていたという説も。光圀公は各地を周らずとも全国各地から好きな食べ物の献上があり、味覚で擬似的に日本中を旅していたのかもしれません。

参考：『水戸黄門の食卓　元禄の食事情』　小菅桂子著　中央公論新社　2011年
『水戸光圀』　童門冬二著　致知出版社　2013年

02 衣装オタク

～大江戸ファッションアイコン～
おかち

東西衣装対決に勝ち、おしゃれチャンピオン
になった石川六兵衛の妻
南天の実をよく見たら珊瑚！お守りとして
ネガティブなエネルギーから守ってくれる
ので人々の嫉妬の念をはね返しそうです

1

600年代、日本橋小舟町のあたりに住んでいた石川六兵衛とその一家。石川六兵衛は、通称「石六」と呼ばれ、広い土地を持っており、材木、織物などの商売も手広くやっていました。十分に財力もあったようで、その妻のおかちは、衣装道楽としてその名を轟かせていました。彼女は、江戸城本丸の石垣工事を請け負う、大手の石屋の家に育ったお嬢さんでした。少女時代から使用人にかしづかれ、趣味は着飾ることと芝居見物。楽しく遊び暮らしていました。

当時、町人文化が花開き、歌舞伎の衣装が話題になったことで、裕福な町人たちが華やかな着物を競い合う風潮があったようです。一方で堅実な庶民は着物をリサイクルしたり、古着を買ったりして、長年大切に着ていました。また、当時は異常気象が続き、暴風雨や津波が発生、日照りによる凶作などで人びとは苦しんでいて、衣装道楽どころではありませんでした。

裕福な実家から豪商の家に嫁いだおかちは、そんな庶民の価値観とは別次元を生きていました。嫁入りの時には父親に「精一杯の贅沢がしてみたい」と言ったとも伝え

略歴

生没年不明。江戸の豪商・石川六兵衛が夫。その資金力から絢爛豪華な衣装を極め、当時の江戸において名を馳せた。

られています。家事などは女中がやってくれるので、思う存分、おしゃれに専念できます。今ならカリスマインフルエンサーとして名を馳せていたかもしれません。

おかちの婚礼時の衣装は江戸中の話題になったそうです。また、季節ごとに趣向をこらした着物を着て、女中を従えて町を練り歩き、ファッションショーのように自己アピールしていました。例えば、秋は女中たちに秋の七草の小袖を着させ、自分は赤トンボ柄の振り袖姿でセンターに立つなど。江戸の町では目立ちまくっていたことでしょう。

おかちは名前の通り勝ち気な女性だったようです。いつしか「江戸八百八町には私を負かす女はいない」と豪語するようになりました。ファッションリーダーとして江戸を制覇した感覚になった彼女は、それでは物足りなくなったのか、江戸の外に自分のライバルがいないか探します。そこで浮上したのが、京都の豪商、那波《なば》屋金右衛門の妻。那波屋というと、大名家相手に金融業を営んでいた豪商の家でしょうか。その妻も衣装の豪華絢爛ぶりで知られていました。おかちは彼女に、衣装比べの挑戦状を送ります。すると「お相手しましょう」と返事があり、おかちは決戦会場の京都、東山に出向きます。

多くの観衆が集まるなか、行われた東西衣装比べ。東の石川六兵衛の妻と、西の那波屋金右衛門の妻が、日本一の座を巡ってついに対決です。那波屋金右衛門の妻は赤色で光沢感のある派手な緋繻子《ひじゅす》に、金糸や銀糸で洛中の図を刺繍した小袖を着用。見た目も華やかでギャラリーもわきたちました。刺繍が京都のPRにもなっています。

対する石川六兵衛の妻、おかちは一見シンプルな黒羽二重《くろはぶたえ》に赤い南天が刺繍された小袖姿。江戸の着物、もしかして地味じゃない？　と集まった人びとががっかりしかけたところ、よく見たらその南天の刺繍は珊瑚を縫いつけてあることがわかり、そのゴージャスぶりにどよめきが起こりました。おかちは衣装対決に勝ったことを確信します。

「難が転ずる」といわれる南天や珊瑚は縁起物なので、そのパワーをまとったことも勝利につながったのでしょうか。おかちは、ここで満足しておけばよかったかもしれません……。しかし東西衣装対決に勝ったことで天狗になったのか、さらに身の程知らずな行動に出てしまいます。

おかちの次なる野望は、将軍・徳川綱吉に自分の素晴らしい衣装をアピールすること。花見の時期に将軍が上野寛永寺へ参詣すると知ったおかちは、広小路の町屋の前に、女中たちとスタンバイしました。緋色の毛氈《もうせん》を敷いて、金の簾《すだれ》を垂らし、金屏風を立てていたそうで、注目を集めまくりです。レッドカーペットの元祖かもしれません。まさに三〇〇年後のセレブ文化を先取りしています。その、赤いじゅうたんの上に派手な振袖姿のおかちが鎮座、六人の女中に伽羅《きゃら》（最高級の香料）を焚かせて、金の扇子であおがせていました。伽羅の煙が将軍の駕籠《かご》に届き、何事かと外を見た綱吉。すると、武士よりも身分が下の町人風情が、金屏風に囲まれて豪奢な着物でいきがっているのが見えました。

おかちは将軍を感心させたかったのかもしれませんが、逆鱗に触れる結果に。「あれは何者だ、あれでも町人か！」。綱吉はすぐに南町奉行に知らせ、翌日には石川六兵衛に対して家財没収のうえ、江戸十里四方追放が言い渡されました。これは江戸払いともいわれる、日本橋から四〇キロの範囲内への居住、立ち入りを禁じる刑罰です。衣装オタクのおかちにとっては、衣装代も断たれてしまったうえ、なじみの呉服屋にも行けなくなって、かなり厳しい宣告だったことでしょう。家族にとってもとんだとばっちりです。エスカレートする前に夫や家族が止めておけば……。おかちの承認欲求は家庭内では満たされていなかったのでしょうか。もしかしたら忙しい夫に放置されていたのかもしれません。

江戸時代はたびたび贅沢を禁じる奢侈《しゃし》禁止令が発令され、庶民への締め付けが厳しかったようです。おかちは、もしかしたらそんな風潮に反抗したい、という思いもあったのかもしれません。センスがいいおかちのことなので、江戸から四〇キロ離れた場所でも、ありあわせの着物を素敵に着こなしていたことでしょう。後世に名を残せたので、時空を超えたインフルエンサーとも言えそうです。

参考：『江戸女百花譜』 田井友季子著　櫂書房　1978年

03 釣りオタク

〜悠々自適な釣り道楽〜

津《つ》軽《がる》采《うね》女《め》

セレブすぎる旗本の釣り指南

竿の手入れは……

鰻《うなぎ》を焼いてその油をとりムラが

ないように塗って火で乾燥させる

エサはクルマエビ

錘《おもり》は銀がベスト

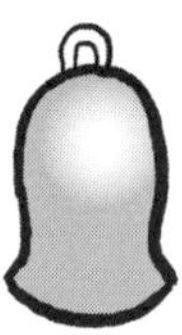

桐の浮木

出世しなくても趣味で心が

充実。おいしい魚でお腹も満たされます

湘南あたりに行くと、堤防などで釣りをしている人の多さに驚かされます。現代まで連綿と続く釣り人気。実は江戸時代に釣りの指南本が書かれていたのです。

享保八年（1723）に、津軽采女《つがるうねめ》によって書かれた『何《か》羨録《せんろく》』は、日本最古の釣り専門書と言われています。津軽采女は旗本である津軽家の分家の当主で四千石も禄高がありましたが、平和な江戸時代、幕府では非常勤の仕事で暇だったようで、悠々自適な生活で釣りをたしなんでいました。

当時は徳川綱吉の生類憐れみの令が発令中で、釣りも殺生に入るため厳しいお咎《とが》めがあったそうですが、武芸の修行などと言って、一部の武士は釣りを続けていたようです。時間の余裕があっても、遊廓に行くほどのお金がない武士にとっては釣りが道楽の一つでした。

生類憐れみの令の影響で、この『何羨録』も出版まではいかず、原稿のまま残っていたのが後世になって日の目を見ることに。釣りオタクの知識が凝縮されたような書

略歴

1667〜1743。陸奥国黒石領3代当主。身内の不幸が続き、釣りに癒しを求める。50代の頃、日本で最初の釣魚専門書『何羨録』を著した。

物です。上中下の全三巻で構成されていて、上巻には江戸の釣り場についての情報が、中巻には、竿やハリ、糸、錘《おもり》といった釣り道具について、下巻にはキスの習性、天候などについてくわしく書かれています。当時釣れた魚のなかでもキスがフィーチャーされていますが、江戸時代、魚偏に喜ぶと書くキスは縁起がいい魚として人気だったようです。『「何羨録」を読む』（小田淳著　つり人ノベルズ　１９９９年）などを参考に、『何羨録』の内容を見てみます。

『何羨録』の序文は、『方丈記』の冒頭のような深遠さがあり、采女の釣り人としての魂が込められています。

嗚呼、釣徒の楽しみは一に釣糸の外なり。利名は軽く一に釣艇の内なり。生涯淡括、しずかに無心、しばしば塵世を避くる。

「釣り人の楽しみは釣り果だけではない。社会的名誉なんてどうでもよくなって、今の自分の世界はこの釣り船の中で完結している。人生の雑事は忘れて、しずかに無心になって、俗世から逃避する」。現代語にするとこのような意味でしょうか。要職

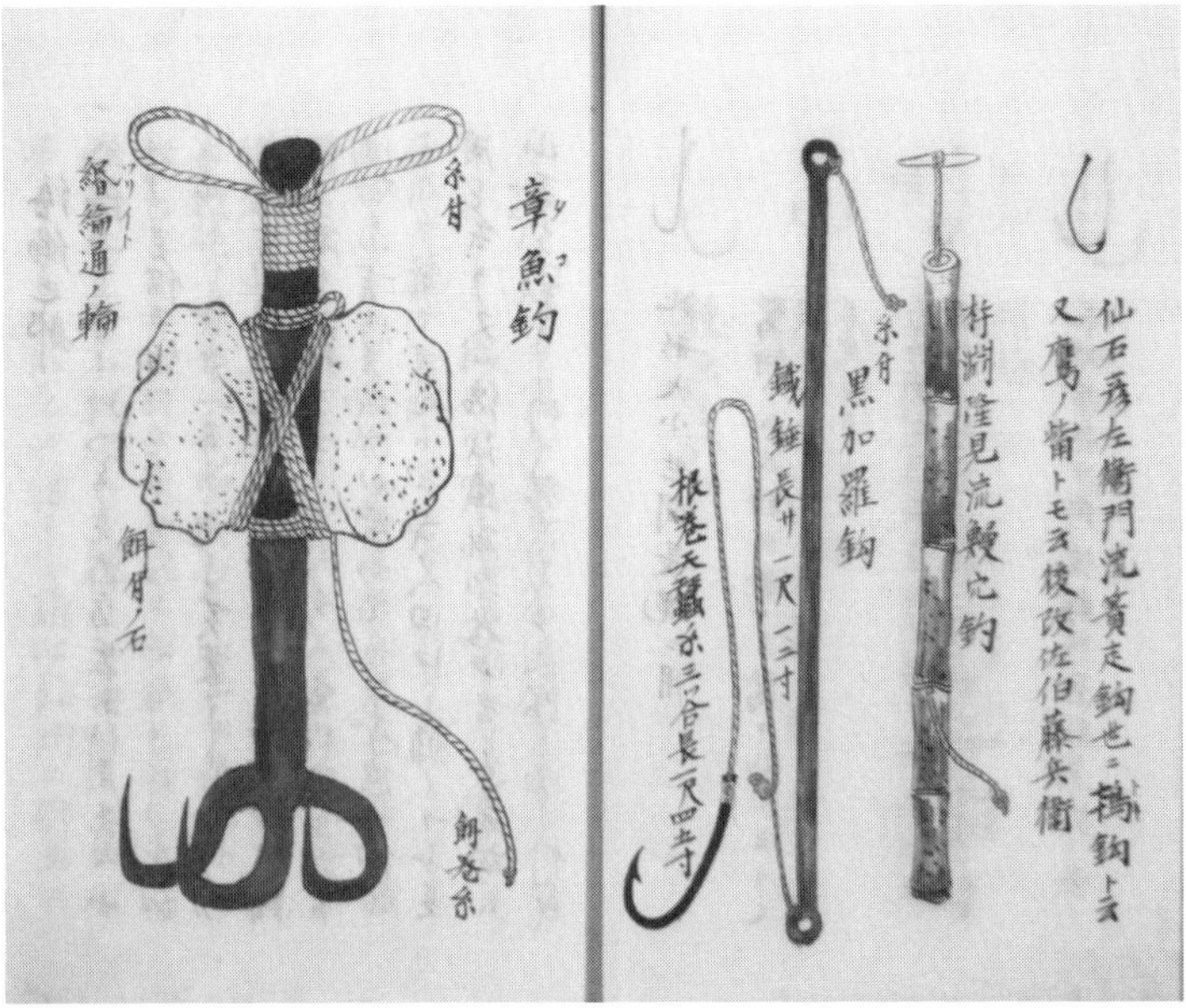

日本初の釣り専門書『何羨録』。写真の「章魚釣」にはタコ釣りの方法が図解をまじえて解説されている

何羨録　提供：国立研究開発法人水産研究・教育機構

には就かず、毎日ヒマだけれど、自分には釣りという楽しいライフワークがあるから充実している、という采女の思いが伝わってきます。

本の内容はかなり専門的で、例えば竿についても「諸ウスキ」「片ウスキ」といった竿の作り方から解説。漢竹《からたけ》の竹の子をよいタイミングで切って火にあぶり、油をとって、日に干して湿りを抜く、などかなり手間がかかっています。竹の節は二五以上あるものがよくて、なかでも軽くて弾力がある竿が最上だそうです。

ハリや釣り糸に関しても専門的な内容で、現代の釣りにも応用できます。釣り糸は麻糸、ヤママユの糸、唐糸、絹糸、馬の尾、テグスなどがよいと書かれていますが、江戸時代にテグスがあったのも驚きです。現代の主流であるナイロン製ではなく、天蚕《てんさん》という蛾の幼虫の体内の糸を加工したものだと思われます。

錘は銀が一番で、真鍮《しんちゅう》の七

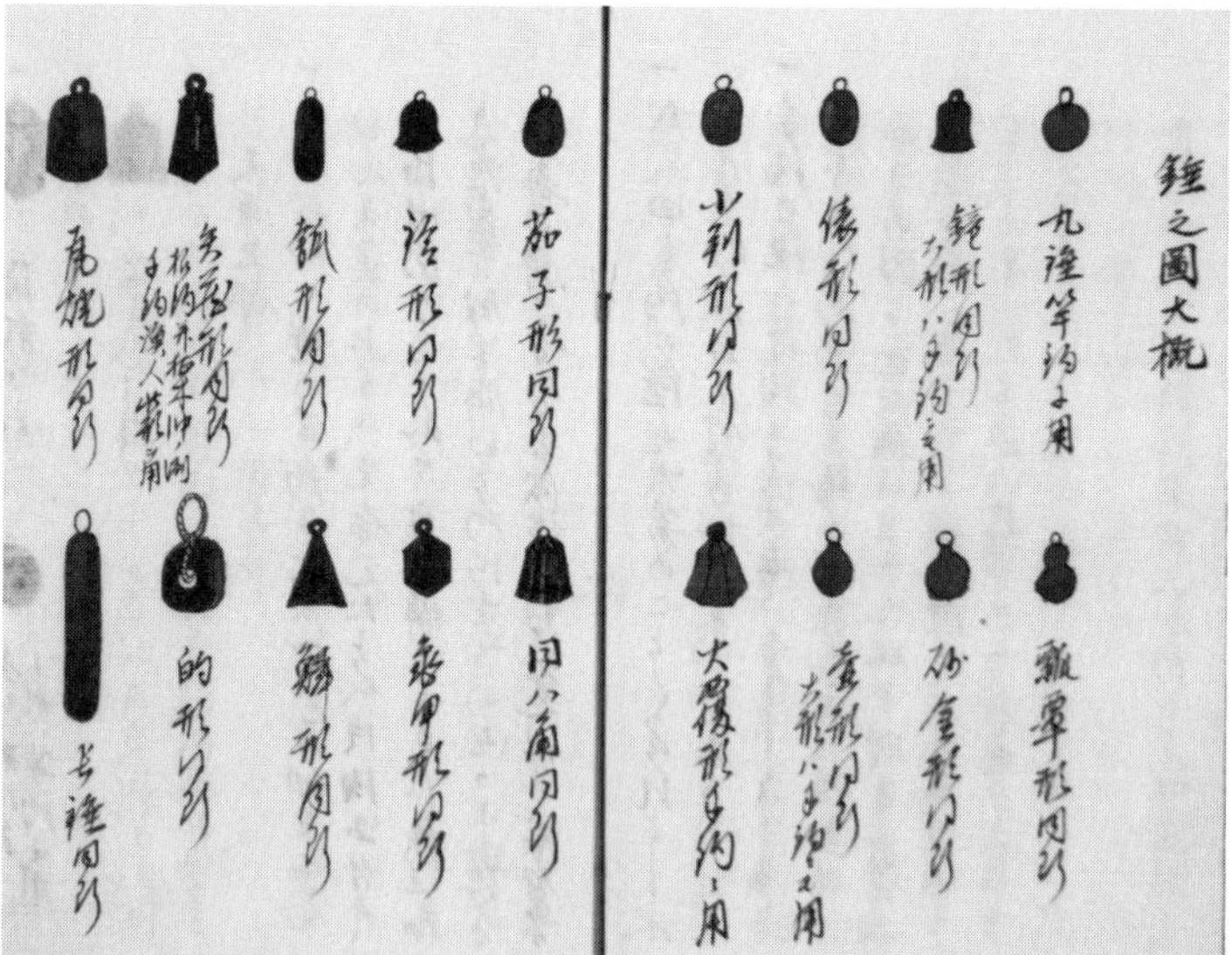

『何羨録』「錘之図大概」。用途に合わせたオモリの数々を３頁にわたり紹介している

何羨録　提供：国立研究開発法人水産研究・教育機構

度焼きが次におすすめだとか。「世間では、銭を使用する人が多い」と、庶民との格差を感じさせる一文も。いずれの道具も素材に高級感があり、さすがの経済力です。

また、餌もゴージャスでした。「餌はエビが第一である。エビには数種があるが、もっぱらクルマエビを使用する」という文章に驚きました。現代では高級食材です。クルマエビでキスを釣る……なんだかもったいない気がします。ほかにも、サヤマキエビ、シラサエビ、芝エビなども餌にしていたようです。ハマグリやバカ貝なども餌に使われました。ゴカイやミミズも最後の方に候補に出てきます。江戸時代は魚に本物の餌をあげていたので良心的です。現代はルアーというプラスチック製の疑似餌で魚をおびき寄せていて、人と魚の信頼関係がゆらぎそうです。

釣り方についても詳しく解説されています。「ケシの花が咲くのを合図に、春ギスは食い（食い付きがよく）、ケシの盛りにはキスもまた盛りであるという」「魚の食いは、大潮がよい。大魚は、もっとも大潮に釣れることが多い」「月の夜にはキス、ハゼともに食うものである」など、どこか風流な表現で、自然と共生している江戸時代の暮らしが伝わってきます。

釣り場は、品川や天王洲《てんのうず》、大森、深川、川崎など東京湾中心に点在していて、船を出して釣りをすることもあったようです。キスだけでなく、フグ、カレイ、コチ、ハゼ、クロダイ、イシモチ、アイナメ、アジ、ホウボウ、サバなどさまざまな魚が釣れ、スナメリやアシカが現れることもあったとか。今と比べて格段に海が綺麗だったのでしょう。

釣り方を記した終盤には、民間伝承やおまじないのような記述もあり、興味深いです。「海馬（俗にタツノオトシゴ）を帯に納めていると、船の中で怪我がない。あるいは漁に利きめがあるといって、漁師はこれを用いているということである」「オコゼを干したものを船の内に納めておくと、漁に利きめがあるといって持っている人がいる」「海へ出る朝、小便をして泡が立たない時は出てはいけない。必ずあやまちがあるという」「毎月七日は海に出てはいけない。必ずあやまちがあるという」など、不思議な説得力が。「釣り竿を、婦人が跨《また》ぐと、必ず漁があったことをきかない」という現代なら炎上しそうな言い伝えもありましたが……。日々釣りをしていると、自然条件だけでは説明がつかない、目に見えない神秘的な法則について考えるようになるのでしょうか。

采女は五十代で隠居し養子に家督を譲りました。妻や子や孫に先立たれた人生、孤独を感じた時は無心で釣り糸を垂らしていたのでしょう。妻の実父が赤穂事件で殺害された吉良義央《きらよしひさ》（上野介《こうずけのすけ》）だったそうなので世間の風当たりも強かったと思います。人は裏切っても、釣りは裏切りません。享保年間（１７１６～３６）には飢饉もありましたが、きっと釣りがあった采女は食事には不自由しなかったと思われます。天変地異が多く、地球環境が変化し、食料飢饉も懸念されている昨今ですが、この釣り指南書は采女が後世の人に残してくれたサバイバル術でもあるのかもしれません。

04 象オタク

〜象コンテンツに湧く日本〜

徳川《とくがわ》吉宗《よしむね》

象というものが見たい
将軍・吉宗の一言で
象が日本に連れて
来られ・長崎から江戸
まで歩いて移動
道中・庶民の前ではオナラや糞をしていた
のが中御門天皇に対してはお辞儀をしていた
果物の皮をむいて食べていたとか……江戸の人は
象の賢さにもっと敬意を払うべきでした

江戸幕府の八代将軍、徳川吉宗《とくがわよしむね》。享保の改革や目安箱の設置などを進めたやり手の将軍で、時代劇「暴れん坊将軍」のモデルとしても有名です。武術や馬術を奨励し、狩りも得意だったとか。でも、もしかしたら吉宗よりも「暴れん坊」だったのは、象、だったのかもしれません……。

権力者が強い生き物に惹かれるのは世の習い。馬に飽き足りた吉宗が興味を持ったのはさらに大きい象でした。「象というものが見たい」、そんな将軍の願いを叶えるべく、中国の貿易商人が連れてくると申し出ました。慶長七年（1602）にも象や虎が安南国（現在のベトナム）から献上されたという前例もあり、遠路はるばる唐船に乗って象が来日することになりました。

吉宗は象オタクといってもいいくらい、象について勉強していて知識が豊富だったようです。普賢菩薩を乗せた白象の仏画など象の絵を取り寄せて眺めていました。商人へはオス象とメス象をリクエスト。象が江戸に来るまでの顚末《てんまつ》を書いた『象の旅長崎から江戸へ』の著者は、吉宗はおそらく象の交尾にも興味を持っていたのでは？

略歴

1684〜1751。江戸幕府8代将軍。33歳で将軍就任、幕府中興の祖と呼ばれた。のちに日本で蘭学が発展したのは、吉宗が一部洋書の輸入を解禁したためといわれる。

と推察しています。しかしその吉宗が抱いていたと思われる交尾への好奇心も、結局は果たされないままになってしまうのですが……。

享保一三年（1728）六月、ついに唐船で象がやってきました。安南人の象使いも一緒です。長崎に象が上陸したという報せが江戸に届くと「牝牡二頭だな」と吉宗は再確認し、嬉しそうだったといいます。長崎奉行所には象をひと目見るべく人びとが集まり、鼻で器用にエサを食べる姿に歓声が上がりました。享保の象ブームの萌芽を予感させる人気ぶりです。

当時の報告書によるとオスの象は七歳。「毛色薄黒し、毛色荒く、地肌身ともに豕《いのこ》（イノシシ）のごとし。鳴き声牛声に似てすさまじ」と当時の報告書に書かれていて、ワイルドな印象です。メスの象は五歳で少し小柄。象たちの好物は餡《あん》なし饅頭、というのがかわいいです。また、旅の後半には疲れた象にお酒を飲ませる場面も何度か出てくるので、意外とお酒好きのようでした。造り酒屋の近くで酒の匂いに立ち止まり、飲ませてもらえるまで動かなかったというエピソードも。ただ、象について調べると「アルコール代謝ができる遺伝子が不足しているのでお酒は飲めない」という見解が。酒好きの象から数百年の間に遺伝子が変異したのでしょうか……。

初代歌川芳豊画　中天竺馬爾加国出生　新渡舶来大象之図　アドミュージアム東京蔵

長崎に到着した象は、せっかくペアで日本にやってきたのに、メスは衰弱し長崎で亡くなってしまいました。オス象が寂しく単体で江戸に向かうことに。長い旅路に備えて歩行訓練を重ね、約一四〇〇キロの徒歩の旅が始まります。佐賀城の城下町では「あの不格好な長い鼻をぶった斬ったら気持ちよか」という物騒な侍の声が聞こえてきたこともありましたが、おおむね象見物の人垣ができるほど大人気だったようです。船で運ばれる時に波に驚いた象が暴れ出して船が岩礁にぶつかりそうになる一幕や、深い川を歩いて渡る際に象の姿が見えなくなり緊迫感が漂ったところ、水上に鼻だけ出して渡りきり一同安堵、という場面もありました。

箱根では、長旅の疲れが出た象がダウンしてしまう、という窮地にも見舞われました。小屋では横たわったままで餌も食べず、「死なれたら切腹だ」とお付きの者たちは青ざめます。箱根権現（箱根神社）で「象回復」の護摩を焚いてもらったり、神様に祈願したり、困った時は神頼みです。酒や好物を与え、お腹をさすっていたら激しく放屁し、四日後に回復。皆男泣きで喜んだそうです。やはり霊験があったのでしょうか。

象はゆっくりと旅をしながら各地でブームを巻き起こしていました。京都では、御所で中御門天皇に拝謁。天皇は喜ばれ、宮中では「象」がテーマの歌会も開かれました。「時しあれば　他の国なる　獣をけふ九重に　見るがうれしき」「絵にかける　形ばかりを　見なれしに　間近くむかふ　世にはめづらし」「歩むをも　豊かにぞ見る　さすがその　広き南野けだもの」と、天皇の歌からはテンションが高めなのが伝わってきます。もしかしたら天皇も少し象オタクになられたのかもしれません。

京都の四条河原には「大象」の看板をかかげた見世物小屋が建ちましたが、中にいたのは作り物の象だったようです。象の絵や象の泥人形、象を彫った印籠な

象フィーバーにより日本各地でこのような“象グッズ”が登場した

象陶製根付　銹絵銘「乾山」　東京国立博物館蔵　出典：ColBase（https://colbase.nich.go.jp）

ども売れたそうで、象は一大コンテンツでした。

川柳、狂歌の題材になり、象についての本も出版されました。象の全てがわかる『象志』という本はベストセラーに。象の親子の人情話『象乃みつぎ』も人気でした。江戸でも象のかわら版が発行され、ほかにも錦絵や、双六《すごろく》、象模様の羽織、帯、根付けなどグッズも多数展開しました。歌舞伎の新作「象引」まで登場。このような人びとの熱狂とエネルギーが象にも届いて、長旅のパワーの源泉になっていたのかもしれません。

象の恩恵はカルチャー面だけにとどまりません。沿道で大量の糞をするので農民が肥料になると喜んで持って帰ったそうです。象は江戸時代のエコロジーに寄与していました。動物園の象も、時々オリから出て田畑を散歩した方がお互いにとってメリットがありそうです。

そして翌年五月二七日、ついに江戸に到着。三月一三日に長崎を発ったので約二か月半の旅路でした。江戸城には老中や出仕の大名、若年寄や南町奉行、勘定奉行などの重鎮が呼ばれ、象がしずしずと入ってきました。しかしあんなに象に執心していた吉宗は、思ったより小さくて色が白くないことにがっかりしたようでテンションが低めでした。象を脳内で理想化してしまっていたのでしょう。

吉宗は象を走らせたり止まらせたりと身体テストをして、観賞用だけでなく有事の時にも使えるかチェック。ひととおり見て満足したようですが、息子の家重《いえしげ》が象にまったく興味を示さないのが残念な様子でした。この時息子のリアクションがよかったら、象のその後の扱いも違ったかもしれません。それだけ吉宗にとっては、象よりも何よりも息子が大事だったのでしょう。

象は浜離宮で飼われることになり、見物の人が押し寄せて、しばらくの間象人気は続きました。しかし吉宗の関心も薄

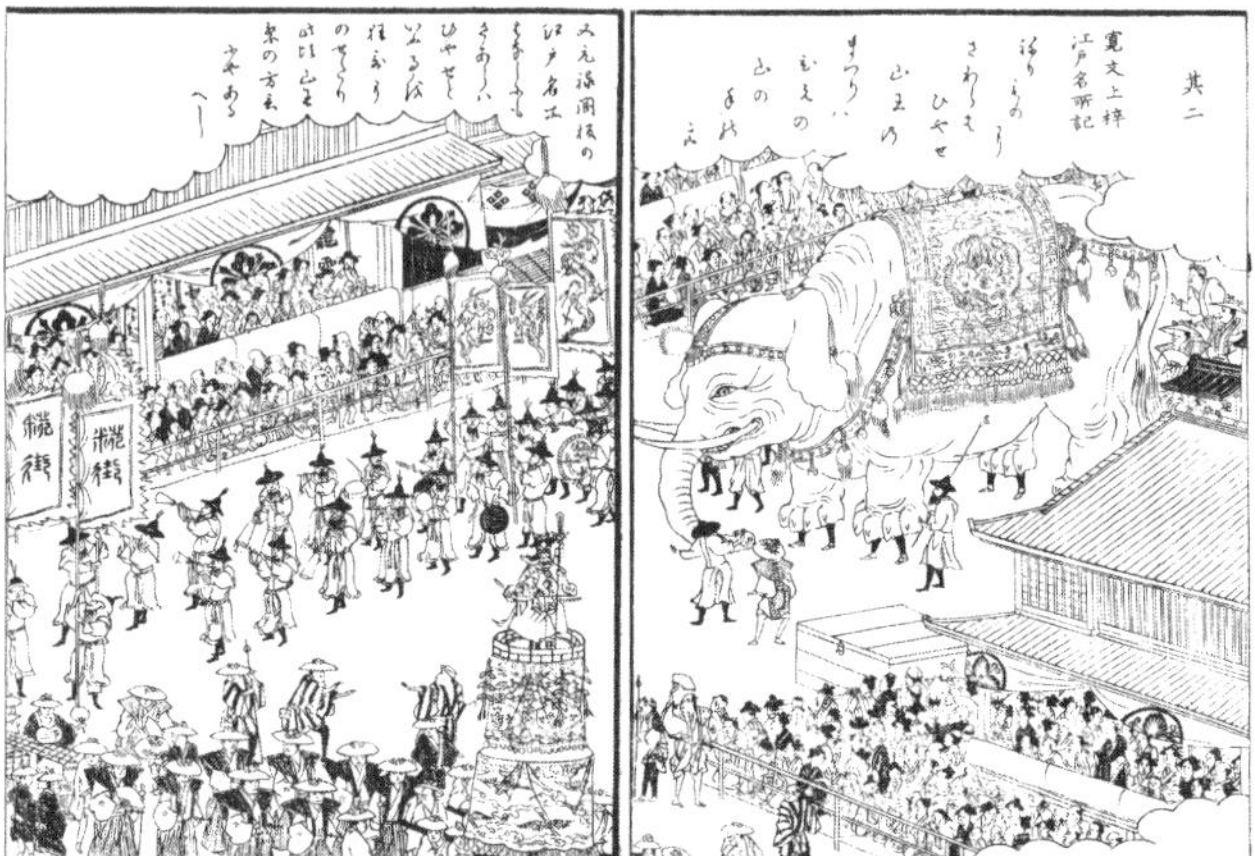

江戸三大祭の一つ山王祭の神輿行列。象の山車が喝采を浴びた

東都歳事記　国立国会図書館デジタルコレクションより

れていき、餌代もかさむ象は次第にお荷物扱いされるように。飼育費用は当時のかけそば約八万杯分の金額に相当し、質素・倹約をよしとする吉宗にとってもイメージダウンになりかねません。

約一三年間、浜離宮で暮らしたあと、最終的に象はあこぎな男たちに下げ渡されます。見世物として飼われるのですが、糞を売られ餌はケチられ、象にとって劣悪といえる環境の中で弱ってしまいます。一度は暴れて逃げ出そうとするなど、象にはストレスがたまっていたようです。死んだあと（死因は餓死と凍死）も頭蓋

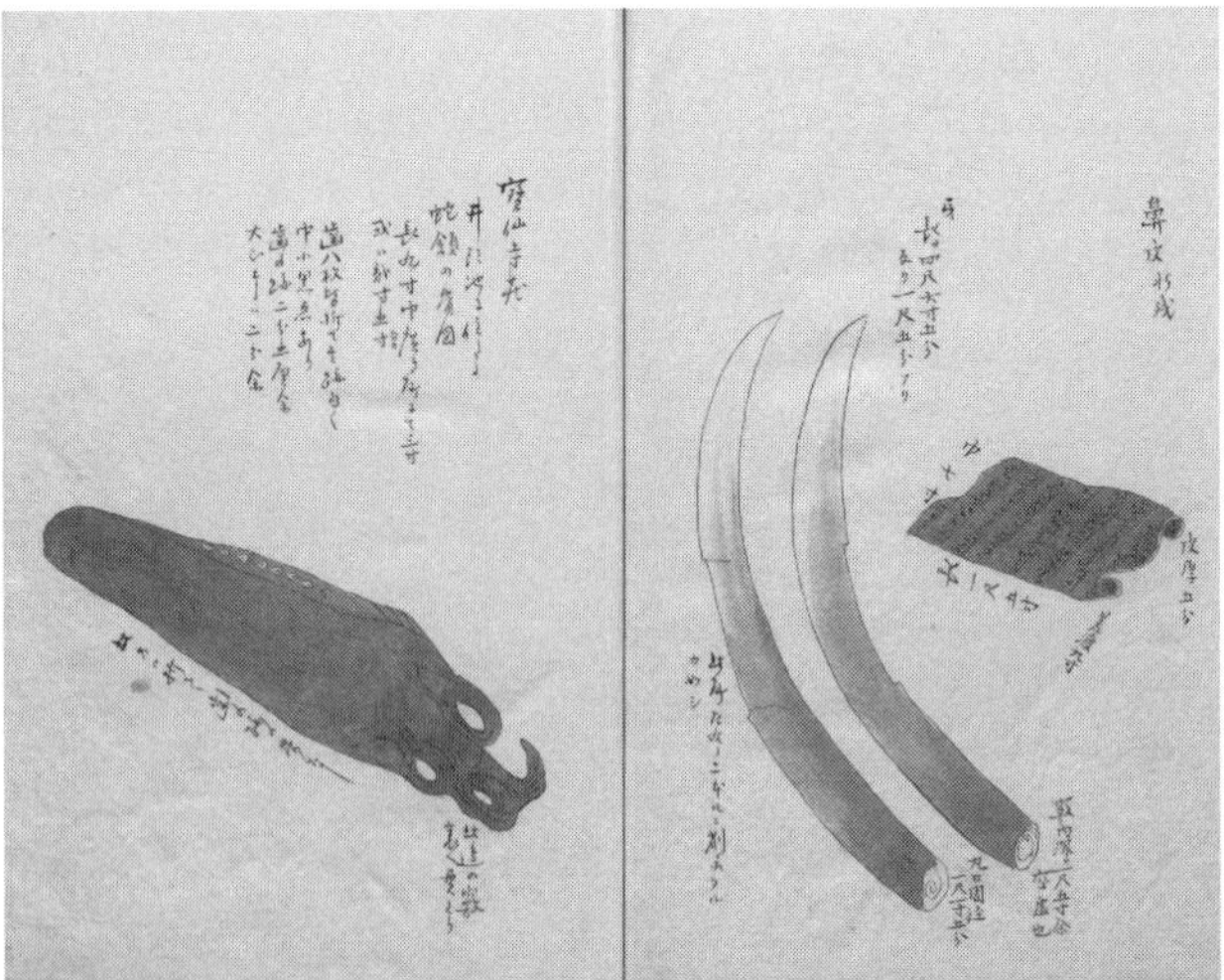

象の牙、皮などのスケッチが残されている

武蔵名勝図会（写本）　国立公文書館蔵

骨や牙を見世物にして最後まで絞りつくした男たちは、その後相次いで病死。象の祟りだと恐れられました。高熱でうなされながら「象が暴れている。助けてくれ」などと叫んでいたそうです。

ブームを巻き起こしたあと、骨や皮まで消費されつくした象。現代の日本人は人気の事象にすぐ飛びつきますが、飽きっぽい一面もあります。象に夢中になった人びとも時間が経つとすぐ忘れて、その後は心配することもなかったのかもしれません。オタクの熱狂が醒めたあとの寂寥感について考えさせられる象ムーブメントでした。

参考：『象の旅　長崎から江戸へ』石坂昌三著　新潮社　1992年

05 地獄オタク

〜恐怖を乗り越えた求道者〜

白《はく》隠《いん》

地獄をやたらに恐れていた白隠
ある武士の夢に……
白隠禅師のお力を借りなさい
閻魔大王に評価されていることが判明！
その思いが閻魔大王にも届いていたようです
恐れと憧れは表裏一体です

白隠禅師といえば、臨済宗の高僧であり、詩画に才能を発揮し、充実した人生を送ったという印象があります。以前見に行った「白隠展」では、とんちや戒めが込められた禅画が、極太タッチで力強く描かれていたのが印象的でした。

ご本人も豪快なキャラの方だと思っていたら、異様に地獄を恐れる少年時代を送っていたようです。生涯かけて地獄というテーマを追求し、「南無地獄大菩薩《なむじごくだいぼさつ》」というパワーワード的な書も遺しています。白隠は、地獄が怖すぎて逆に地獄オタクになってしまったと言えるかもしれません。

自伝には、地獄に恐怖を覚えたエピソードが綴られています。岩次郎《いわじろう》という幼名で呼ばれていた少年時代の頃の話です。

「母にしたがってお寺に行き、ある僧が摩訶止観《まかしかん》（中国隋代の仏教書）の中の地獄の様子を講じているのを聞いた。その僧はたいへんに弁がたち、叫喚《きょうかん》、無間《むげん》、焦熱《しょうねつ》、紅蓮《ぐれん》地獄の苦しみをのべたが、それは目の前に見るようであった」。白隠少年が一一歳の頃の話のようです。

略歴

1685〜1768。法名・慧鶴（えかく）。駿河国に生まれ、臨済宗中興の祖といわれる。法の教えを広めるため自ら描いたユーモラスな画風の禅画が数多く残る。

「叫喚地獄」は煮えたぎる熱湯の中に入れられ叫喚する、という恐ろしい地獄。「無間地獄」は、地獄の最下層で、剣樹、刀山、熱湯などの苦しみを絶え間なく受け、鬼から舌に釘を打たれるなどの責め苦が。「焦熱地獄」は猛火に焼かれ続ける地獄で、「紅蓮地獄」は寒すぎて皮膚が裂け、流血するという過酷さ。

僧侶の話術が真に迫り、そのお堂内にいた人たちは、皆寒気で総毛立つほどだったそうです。因果の道理を信じないで悪いことをしたら地獄に堕ちる、と戒める僧侶。白隠は虫や蛙などを殺していた過去の悪事を思い、気が気でなかったといいます。「家へ帰って自分が平生している殺生を思って身の置き所がなかった。動作をしても恐ろしさにふるえおののき、肌や皮膚は粟だつ思いであった」と振り返っていました。

想像力豊かな白隠少年は、お風呂にも激しい恐怖を感じるように。

「ある日、母と一緒に入浴した時、母が湯を熱くするように下女にいいつけ、盛んに薪をもやさせた。ひたひたと火気が肌をつき、浴槽がゴオッと鳴った。たちまち地獄の事を思って声を出して号泣した」。なんと五右衛門風呂の薪の炎から焦熱地獄の拷問を連想し、号泣したそうで、ピュアな少年の姿が浮かびます。近所に響きわたるほどの泣き声で、一人叫喚。白隠はこの日以来、出家したいと思うようになりました。

両親に出家を反対されながらもお寺に通い、毎日熱心にお経を読むようになります。地獄から逃れたいという一心で……。

一二歳の時、村の祭で日蓮宗（法華経）の開祖・日蓮の弟子、日進についてのお芝居を見る機会がありました。法華の行者が「南無妙法蓮華経」を唱えれば、火で焼かれた鍋をかぶっても熱さを感じない、という場面に衝撃を受けた白隠。お芝居なので本物の焼けた鍋ではなかったと思われますが、真に受けた白隠は帰宅後、焼けた火

白隠画讃の観音図。母が深く信仰した観音図は、白隠作品群のなかでもよく見られる画題であった

楊柳観音像　東京国立博物館蔵

出典：ColBase（https://colbase.nich.go.jp）

箸を股に押し付ける、という暴挙に出て、普通に火傷。このままでは地獄の責め苦から逃れられない、と焦燥感が増しました。

一五歳の時、ついに出家。「どうか肉身でありながら火も焼くことができず、水も溺《おぼ》らすことができないような得力を見なければ死んでも休まぬ」と決意を新たにします。地獄の責め苦と無縁でいられるようなパワーを得たかったのでしょう。一心不乱に修行に励みましたが、しばらくして鍼灸で鍼《はり》を打たれても痛みが変わらず、病気の時は相変わらず苦しいので、まったく法力を得られていないと思ってがっかりします。たしかに鍼灸の鍼程度で痛みを感じていたら、鬼に針を刺されたり針山に登らされたりする痛みに耐えられません。

そんな時、法華経は霊験あらたかで、鬼も恐れるほど、という情報を耳にした白隠。他人が読経しても効果があるので、自分自身で読経すれば無敵だと思い至ります。しかし法華経を読み込んでみたら、因縁の話や比喩ばかりで期待外れでした。二〇歳くらいの頃には、修行から離れて書画に打ち込んだ時期もありました。青年時代は法華経の価値がわからなかった白隠ですが、四二歳で法華経を読んで大悟（迷妄を脱して真理を悟ること）した、と伝えられています。以来、悟りの体験を重ね、生涯大悟は一八

地獄極楽変相図　静岡・清梵寺蔵

回、少悟は数えきれないほどというエキスパートだったそうで、悟るたびに地獄への恐怖は薄らいでいったのでしょう。

修行中の白隠は、狼に囲まれながら坐禅しても動じなかったという逸話が残る正受《しょうじゅ》老師のもとで修行したり、京都の山奥に住む白幽子《はくゆうし》という仙人に「内観の秘法」を授けられたり、さまざまな出会いに恵まれます。内観の秘法を行うと心身が快適になり、疲れ知らずになるとか。白隠が体得した「丹田《たんでん》呼吸法」は現代にも受け継がれていますす。心身を穏やかに保つことによって、人生は地獄から極楽へと変わっていくのでしょう。自分の心次第です。

後年には、地獄と極楽は表裏一体のものであるという考えに至った白隠。弟子との会話に、自分の出家のきっかけについて語ったエピソードが残っています。弟子の東《とう》嶺《れい》が、十王図（死者の生前の行いに対し審判を行う冥界の王を描いたもの）を見て、自分も出家して人を救う地蔵のようになりたい、と思ったのが出家のきっかけだと言うと、白隠は「お前さんの出家の機縁はわしより勝っている。わしはただ地獄の苦患を逃げたいためだった」と、言ったそうです。恐れるものがあると人は謙虚になるのでしょうか。

ある時、お寺での集いの折に面会を求めてきた一人の武士がいました。武士いわく、

「十句観音経」を広めようとしていたら、夢に閻魔《えんま》大王が出てきて、お前では「十句観音経」を広める力が足りない、と言われたそうです。閻魔大王は「今駿河に白隠禅師と称するお人がいる。この人の力を借りて流通をはかれば、きっと広く諸国に流通し、数倍の効果がある」と助言されたので、そのことを白隠に伝えにきたとのこと。それを聞いて白隠は、熱心に「十句観音経」の功徳を広めたそうです。内心、閻魔大王への畏怖の念があったのでしょうか。

しかし長年地獄について考えていた地獄オタクの思いが、実際に地獄の閻魔大王に届いていた、と思うと感動的です。現代なら推しに認知された、と喜ぶところかもしれません。《地獄極楽変相図》で閻魔大王をかっこよく描いたことで、覚えがめでたくなったのでしょうか。地獄を統治する閻魔大王にも認められていた白隠。もし万一死後地獄に堕ちても、VIPとして丁重に扱われることでしょう。

参考：『禅入門　11　白隠』鎌田茂雄著　講談社　1994年
『一休・正三・白隠　高僧私記』水上勉著　筑摩書房　2011年
『白隠禅師の足跡』上村貞嘉著　淡交社　2014年

06 縞模様オタク

〜縞、縞、縞……〜

桜《さくら》木《ぎ》勘《かん》十《じゅう》郎《ろう》

身に付けるもの、食べるもの、住居など縞模様まみれだった桜木勘十郎

シマウマの縞模様には虫除け効果があるそうなので同様の作用が期待されます

今となっては柄物の定番である縞模様ですが、日本に縞柄の織物が伝わったのは室町時代だそうです。その後、安土・桃山時代には、縞柄の着物を着用する人が増えはじめました。江戸時代初期は横縞柄が多かったのですが、江戸時代中期になると、縦縞がシュッとして見えるので人気に。粋なものを好む江戸っ子の精神とも合っていたそうです。

さて、そんな縞柄に熱狂的にハマった縞模様オタクの男性が江戸時代に存在していました。彼の名は、桜《さくら》木《ぎ》勘十郎《かんじゅうろう》。元禄時代（１６８８〜１７０４）に、書画骨董の鑑定の仕事をしながら、京都三条室町の屋敷に暮らしていました。寛政（１７８９〜１８０１）の頃に出版された、江戸の風俗をまとめた『海録』には、その暮らしぶりについてこんな風に綴られています。

希有の物好にて、衣服より足袋《たび》帯に至るまで、色々の島を着用し、扇子、脇物指、柄糸、鍔《つば》、印籠《いんろう》、草履まで島ならずと云事なし

略歴

生没年不明。元禄時代を過ごした好事家。京都三条室町に屋敷を構えた。縞模様に目がなく、身の回りは「縞」尽くしだったという。

奇特なその男性は、衣服から足袋、帯にいたるまで縞柄を身に付けていたそうです。小物ももちろん縞柄でした。脇指、柄糸《つかいと》、鍔などの刀装具も縞柄。小物を入れた印籠、それから草履までが縞模様だったそうです。身に付けるものが縞模様なのはまだわかりますが、勘十郎は口にする食べ物にも一貫したこだわりが。

朝夕の食物、なますはもとより刻み物なり、煮物などにも大根ごぼうの類、すじある品をもちひ、椀折敷《おしき》までも島の模様をぞものしける

『海録』にはこのような記述も。お盆やお椀も縞模様なら、食材も縞に見えるものを好んだそうです。にんじんと大根を刻んだ「なます」もお気に入りの〝縞料理〟でした。煮物にも、大根やごぼうなど、筋がある食材を積極的に取り入れていました。カニやホタテも、言ってみれば筋の集合体のような具材なので勘十郎好みかもしれません。ほかにもエノキタケ、千枚漬けの断面、蕎麦、ところてんなど、縞食材の可能性が広がります。

衣食とくれば、住まいにもこだわりが。勘十郎の家は当然のように縞柄でした。二

階の外壁部分の格子《こうし》は、さまざまな唐木を縞模様に組んでいたそうで、天然木材の縞とはかなりおしゃれで高級感が漂います。店先にも格子を取り付けていて、これは現代の住宅の窓にも見られますが、侵入を防ぐため、防犯にもなります。ひさしの大垂《おおたる》木《き》（屋根の支えになる木の棒）には細い紫竹《しちく》や寒竹《かんちく》で縞模様を施しました。細部まで凝っていて、勘十郎にはかなりの財力があったことが感じられます。

中庭には池があって、金魚がたくさん飼われていました。金魚が金運をもたらして

桜木勘十郎が活躍した頃の浮世絵。縞模様の着物を着た市井の人びとがたびたび描かれた

奥村政信画　初代中村喜代三の嶋野おかん
東京国立博物館蔵
出典：ColBase（https://colbase.nich.go.jp）

くれていたのでしょうか。さすがに熱帯魚ではないので縞模様の金魚はいなさそうです。

中庭から二階へ上るための階段が設置され、そこには擬宝珠《ぎぼうしゅ》の高欄《こうらん》（手すり）が取り付けられていました。擬宝珠も、形的には台座の部分を真横から見れば縞模様と言えなくもないです。高欄の柵も縞に見えてきます。さらに、庭から見える壁の一部も縞模様に塗られていたとか。想像すると、楳図かずお氏の赤白縞模様の家に負けないくらいのインパクトだったのかもしれません。ただ、近隣住民から苦情がきたという「まことちゃんハウス」より、勘十郎の自宅は渋い色合いで風流だったのでは？と推察。

勘十郎は、当時「縞の勘十郎」「縞勘《しまかん》」といったあだ名で呼ばれていたそうです。ここまで偏執的に縞模様をまとう心理とはどのようなものかを想像してみます。縦縞か横縞かでイメージが変わってきますが、横のボーダーは「自由」を想起させ、力強さと子どもっぽさも漂います。一方、縦のストライプは、コントラストが目立ち、決断力や実行力が強まりそうなデザイン。知的で理路整然としたイメージも与えます。縞の勘十郎は、縦縞も横縞も取り入れていたと思われるので、純粋で少年のような気持ちで縞を追い求めながら、知的でまっすぐな性格だったのでしょう。縞模様がないと機嫌が悪くなった、という説もあります。妻子の有無などプライベートの詳細は不明ですが、もしいたら家族全員縞柄の着物を強いられていそうです。そこまでいくと目がチカチカします。

縞模様は柵や格子の象徴なので、邪気や悪いものが入ってくるのを防ぐ、魔除けの効力があるとも言われています。縞だらけの勘十郎には、魔が入り込む隙がなさそうです。

もしかしたら趣味に生きた悠々自適な生活で、人から嫉妬などの念を向けられることもあったかもしれません。京都には多くの妖怪伝説などもありそうです。そんな時、結界となり護ってくれたのが縞だったとか。ここまで縞模様オタクが徹底していると、どこかまじない的な意味を帯びてきます。現代人は、ほとんど無意識に服の柄を選んでいますが、もう一度、柄や模様にひそむ意味やパワーについて考えた方が、運気的にもよさそうです。

07 猫オタク

～「猫かわいがり」の体現～

薄《うす》雲《ぐも》太《た》夫《ゆう》

猫を愛しすぎた薄雲太夫
猫から学んだツンデレテクでますます男心をつかみそうです

江戸の遊里といえば吉原。「生きては苦界、死しては浄閑寺《じょうかんじ》」という言葉もあるほど、親に売られたり人さらいに遭ったりして、本人の意思とは関係なく連れてこられた女性たちが、遊女として過酷な仕事についていた場所でもあります。

男性にとっては夢のパラダイスかもしれませんが、女性にとっては色欲が渦巻く苦界……。そんななか、処世術に長けて、手練手管《てれんてくだ》を身につけたタフな女性たちは、吉原の中でステップアップして、格上の遊女として世間の注目を集める存在に。トップの遊女は太夫《たゆう》や花魁《おいらん》と呼ばれていました。花魁という名称は享保（１７１６～３６）の頃からのようです。いずれも最上級の遊女を指す呼称であり、カリスマ性に富んだ才能あふれる女性たちだったことがうかがえます。

そのへんの凡夫では太夫には相手にしてもらえません。太夫が接待するのは、公家や大名、文化人など当時のＶＩＰたち。太夫は舞や楽器、和歌、俳諧、書道、茶の湯、生け花、碁、双六などあらゆる技芸をたしなみとして身に付けていました。もしかすると現代の銀座のホステスさん以上の素養の持ち主かもしれません。容姿端麗で、文化人の男性とも対等に会話できるほどの教養があり、単に床上手なだけではつとまら

略歴

生没年不明。信州埴科郡に生まれる。吉原の妓楼・三浦屋が抱えた遊女。

なかったようです。

有名な太夫は、高尾・吉野・夕霧・総角《あげまき》・薄雲・勝山・小紫・榊原などが挙げられ、彼女たちの名前は何代にも渡って襲名されることもありました。

今回、オタクとして注目したのは元禄時代（1688〜1704）に生きた薄雲太夫《うすぐもたゆう》です。この名前を受け継いだ太夫は三人いるようですが、そのなかの一人が生粋の猫好きで知られています。信州の埴科郡《はにしな》鼠宿《ねずみじゅく》出身の薄雲太夫は、トップ人気の高尾太夫と同じく三浦屋という妓楼《ぎろう》のお抱えでした。彼女が何よりも耽溺していたのはタマ(玉)という名の三毛猫でした。鼠宿本村という鼠がつく名の村から出て、猫にハマるというのも奇縁を感じます。

薄雲は室内では常にタマを膝に乗せ、花魁道中や男性客の迎えの際も抱いていたり、お付きの人に抱かせたりしていたそうです。タマに、緋縮緬《ひぢりめん》の首輪と純金の鈴をつけていたそうで、現代の飼い猫に比べてやんごとなき扱われ方です。

美女と猫の共演、むしろ売りになりそうですが、三浦屋の主人は、薄雲が化け猫に取り憑かれてしまったのかと心配していました。見かねてタマを遠ざけると、薄雲は体調を崩す始末。部屋に引きこもってしまい、これでは商売にもならないので、三浦屋の主人はタマを薄雲に返したそうです。そうしてまた猫かわいがりの日々に……。お客の男性よりも猫を大事にしているので、タマに嫉妬する人も出てきました。なかなか猫のかわいさに勝てる人間の男性はいなさそうですが……。

月岡芳年《つきおかよしとし》が薄雲太夫を描いた《古今比売鑑《ここんひめかがみ》　薄雲》という浮世絵作品があります。自身も猫好きだったという芳年による作品は、猫好き同士が共鳴し、着物の柄が猫柄だったり、髪飾りが猫モチーフだったりと細部にも猫愛が感じられます。当時も猫グッズが人気だったのでしょうか。

しかし薄雲とタマの蜜月は、悲しい最後を迎えることに。

薄雲を慕ってどこへでもついていくタマでしたが、ある日、厠《かわや》に入ろうとする薄雲の着物の裾を噛み、行かせまいと引き止めました。その場面を目撃していたのは三浦屋の主人。彼の中で再び化け猫説が頭をもたげてきたのでしょう。脇差を抜いてタマの首を斬り落としてしまいます。すると、なんと斬られたタマの首が厠の下へ飛んでいって、薄雲を襲わんと潜んでいた蛇を噛み殺したそうです。猫は犬よりも愛した人に忠実で、命をかけて守ってくれるのかもしれません。果たして実話なのか誇張されているのか不明ですが、全猫好きが泣いてしまうような話です。ただ猫の首が蛇を噛んでいる図は想像すると恐ろしいです。やはり化け猫だったのでは……と伏線が回収されました。

薄雲は、自分を守ろうと身を呈してくれたタマの死を悼み、西方寺（当時は浅草聖天寺に位置）に猫塚と猫の像をお祀りしました。そのかわいい猫の像がのちに招き猫の由来になったという説があります。今、縁起物として定着している招き猫に、こんな哀しくておどろおどろしいバックグラウンドがあったとは。

招き猫は商売繁盛のアイテムですが、薄雲の猫は、むしろ商売を遠ざけていたような印象が残るのは気のせいでしょうか。生きている間は商売運を招かなくても、飼い主がこうして後世まで語り継がれる太夫になったということは、結果として出世運を上げたということになるのかもしれません。

太夫が身に付けなければならないたくさんの教養も、もしかしたら猫を知ることで、必要なくなるのかもしれません。猫は宇宙や森羅万象を象徴している存在です。何より、薄雲に愛を教えてくれました。その人にとって一番大切なものは何か考えさせられる猫オタク秘話です。

2章

江戸時代中期

天和元年（1681）〜 安永9年（1780）

幕藩体制も落ち着きを見せ、国内の経済が発展した。浮世絵や歌舞伎を上演する芝居小屋の起こりもこの頃。蘭学の興隆によって盛り上がる諸学問。ここに挙げた人物は親交のあった者同士も多く、オタクがオタクを呼ぶのもこの時代の特徴。

08 奇石オタク

～石にみちびかれた男～

木《きの》内《うち》石《せき》亭《てい》

禁錮の刑に処された石亭
普通なら落ち込むところ
朝から夜まで石をいじって
いたら健やかに過ごせました

「石がなかったら病気になって
死んでいたかも」と石亭談
パワーストーンの元祖です

石亭が収集
した石はパワー
強そうです

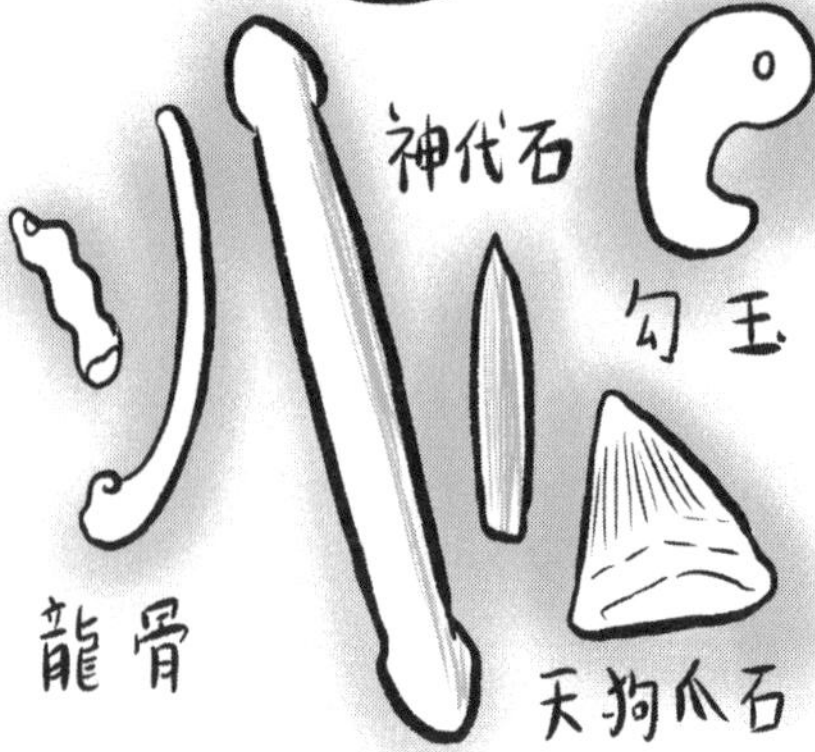

「石よりほかに楽しみなし」。

そんな言葉を残した、江戸時代の奇石蒐集家、木内石亭《きのうちせきてい》。一一歳の頃に石に目覚め、八五歳で天寿を全うするまで、全国各地の珍しい石を集め続けました。その「石活」は趣味の域を脱し、書物を何冊も出版。ついには学問として認められ、石オタク仲間のなかでもゆるぎないポジションに。

どのくらい石にハマっていたのか、『人物叢書　木内石亭』(斎藤忠著　吉川弘文館　1989年)をもとにその足跡をたどってみます。

享保九年(1724)に近江国志賀郡坂本村(現在の滋賀県大津市)に生まれた石亭。母は藤原家の流れをつぐ名家で、経済的にも恵まれていました。母の実家で「兎石」という石を見たり、琵琶湖のほとりで珍しい石を拾ったりと、子どもの頃から石への愛が芽生えていました。

一八歳の時には、石にまつわる不思議な体験も。夢の中で古道具屋の軒先に葡萄《ぶどう》そっくりの珍しい石が吊るされているのを発見。その夢のエピソードを石オタク仲間に

略歴

1724～1808。本名は木内小繁重暁。近江国に生まれ、鉱物や化石などを蒐集・研究した博物学者。日本で初めての石の博物誌『雲根志』を著した。

話して笑っていたそうです。それからちょうど一年後に大津の高観音近松寺《たかかんのんごんしょうじ》を参詣し、古道具屋に寄ったところ、夢で見たのと同じ「葡萄石」が吊るされていたのです。即刻購入した石亭。観音様の導きによって夢が現実になったことで、自分の生きていく道を示されたように感じました。

しかし石以外の人生は浮き沈みがあったようで、仕事で不祥事があり罪に問われ、禁錮刑に処されてしまいます。本家の跡取りからも外される憂き目に遭いますが、石亭はここでも石のパワーで苦境を乗り越えます。妻と一緒に、石を愛でたりいじったりして過ごしていたら、悩みも軽くなって健康に過ごせたとか。いつの間にか妻がいたようですが、石の趣味が合う女性だったようです。

江戸時代には、動植物・鉱物などについて研究する本草学が盛り上がりはじめていました。石亭はこの学問の師匠を得て、三〇歳前後には自らも石の研究者として認められるように。物産会に石を出品したり、奇石を愛好する人びとと交流したりして、その名を知られるようになっていきます。

この頃石を愛でる人びとは「弄石家《ろうせきか》」と呼ばれていました。石を眺めるだけでなく、常に触って愛玩している様子が伝わります。「弄石」のグループの中心的な存在とな

石を見て友と語らう石亭の図

雲根志　国立公文書館蔵

った石亭は、各地に弄石の旅に出かけました。

実家の財力のおかげか、三十～五十代は現在の京都、岐阜、三重、大阪、和歌山、長野、福井、石川……と精力的に各地を旅し、奇岩を見たり、洞穴に入ったりして奇石を採集していたようです。水晶や雲母《うんも》を探しに山に入ったら道に迷ってしまい、谷底で大きな白水晶を拾った、というエピソードもあります。石に呼ばれたのでしょうか……。石を採集しに出かけたものの見つからず、近くの民家を訪ねて強引に石をもらってきたこともあったとか。奇岩があると聞くと、衝動的に現地に見に行きたくなるのが石オタクの性。岐阜で話題の「五色の石を山の上まで見に行ったら、五色ではなく紫と白の二色だった」という残念な報告も。

石亭は自ら旅行し石を採集することが多かったようですが、ほかにも蒐集の手段がありました。石亭が有名になると、石を寄贈してくれる人も多くなります。同好の友の間で石を交換する、大事にされている石でどうしてもも譲ってもらえない時はしばらく借りて愛でる、ということも。現代のシェアの文化を先取りしています。

奇石商人から購入もしていました。まけさせようとして断られ交渉が不成立、というエピソードもあったようです。また、無心する、というシンプルな荒技も。知人に火事のお見舞い状を出しながら「ところであの石は……」と石をもらおうとしたこともあったとか。まさに石のメンタルです。

石を入手するためには神の祟りも恐れませんでした。岐阜県の金《きん》華山《かざん》の金砂を手に入れようと、はるばるこの地を訪れた石亭。途中の船で「山の金砂を持ち帰ると金華山の神の祟りがある」と注意されますが、こっそり持ち帰ろうとします。すると激しい嵐で波が荒れ、船が大揺れに。乗客の身体検査を行うと、石亭が懐に金砂を隠し持っていたことがバレてしまい

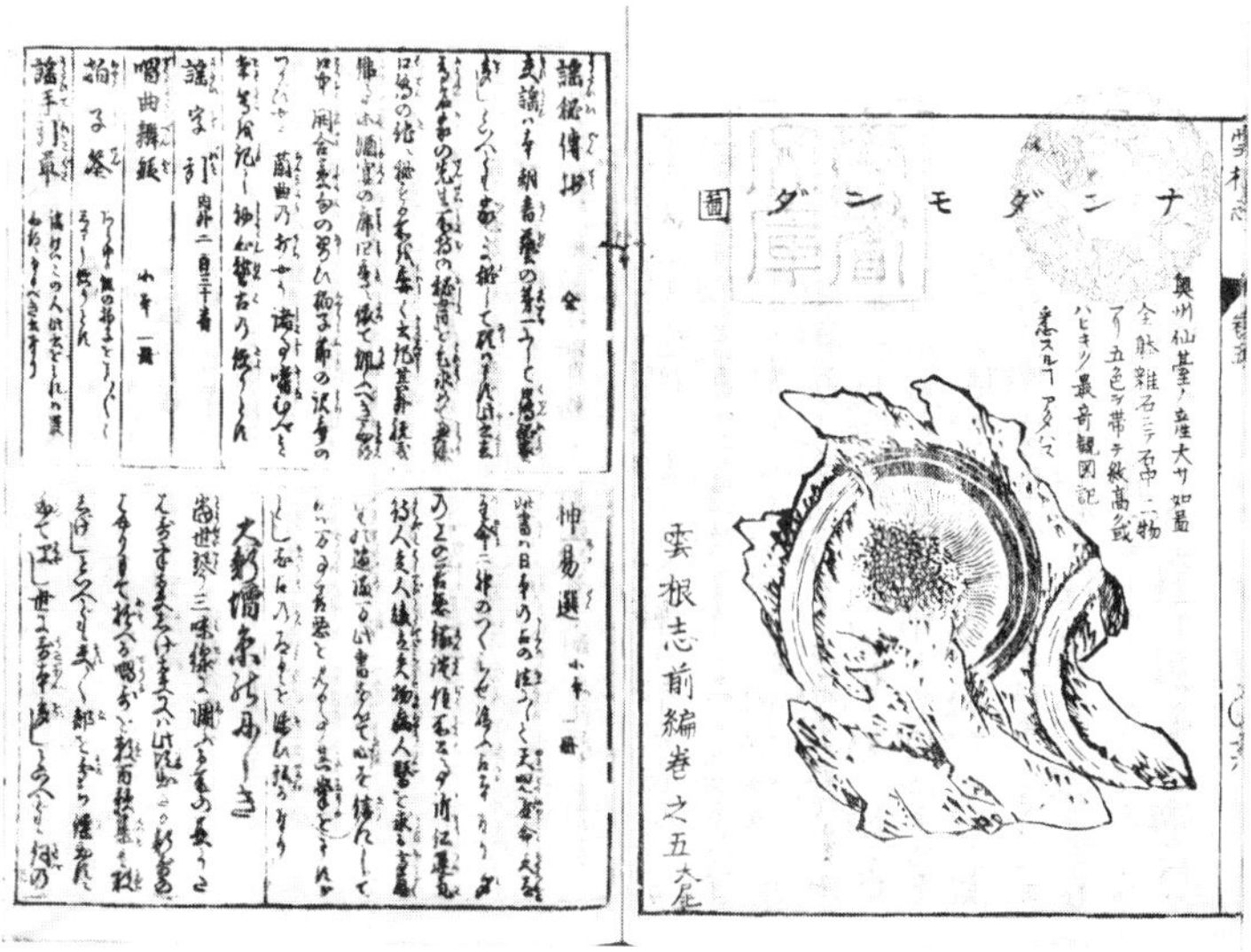

ナンダモンダ石（球状花崗岩）のスケッチ

雲根志　国立公文書館蔵

ました。船員に罵倒され、金華山に金砂を戻した石亭。でもその実、少量の金砂をまだ隠しており、しれっと持ち帰ったそうです。神殿で、金砂を一部返したフリをするという、神様をもあざむく行為です。

石亭は、のちに知り合いの漢学者への手紙に、石の祟りは存在しない、と明記しています。完全に信じていない者への祟りパワーは発動しないのでしょうか。

石亭は生涯に二千から三千もの奇石を集めたそうです。石をどうやって入手したか、誰からいつもらったかは、丹念にメモをとっていました。コレクションは五重の箱に大切に納めていたようです。ライフワークとなった著作『雲根志《うんこんし》』前編には、「二十一種珍蔵」という項目が掲載されていました。「葡萄石」「玉釜」「天狗爪石」「金剛石」「木化石」「石卵」「ナンダモンダ（球状花崗岩）」「剣石」「仏光石」「青玉随」など、これは膨大なコレクションのほんの一部ですが、お気に入りの石たちだったようです。縄文時代や古墳時代の石器や石製品を指す「神代石《じんだいせき》」や、天狗が乱入したあとに見出されるという「天狗爪石」（実際は鮫類の歯の化石）の民間説話を研究したり、勾玉について考察したりと後世にとっても貴重な資料を残しました。

石を愛した石亭は、八十代になり老い先が短くなってくると、生家の氏神であった坂本村の幸神《さいのかみ》神社に、立派な石灯籠二基を献上。ブレない石至上主義。

「性石を好み、珍奇なるもの家に満てり、之を玩び天を楽しむは、世に知らるる所なり……」と、自ら銘文も記したそうです。神をも恐れぬ貪欲さで石を集めた一生でしたが、神社への寄進によって、過去の石のカルマは浄化されたのかもしれません。

木内石亭が献上した幸神神社の石灯籠

09 茶屋娘オタク

～元祖・神絵師～
鈴《すず》木《き》春《はる》信《のぶ》

鈴木春信が描いた笠森お仙の絵は当時のグラビアアイドルのよう……
透け感
美脚チラ見せ
絵などが売れた分本人に還元されたのでしょうか……
絵師はプロデューサーでもありカメラマンでもあるので達成感がすごそうです

こんな人に肖像画を描いてもらったら、女性冥利につきるかもしれません。錦絵（多色摺木版画）で人気を博した鈴木《すずき》春信《はるのぶ》は、優美な曲線と淡く繊細な色合いが美しい作品を描いた、国内外で評価が高い絵師です。生まれは神田白壁町（現在の神田鍛冶町のあたり）。生粋の江戸っ子ならではのセンスが絵に表れているようです。古典や和歌を題材とした見立絵《みたてえ》、江戸の日常を描いた絵や、美人画などが有名です。

春信の錦絵は、裕福で教養がある人びとの間で流行したそうですが、春信はそれには飽き足らず、大衆の興味を刺激する新しいジャンルを開拓。それが江戸の評判娘シリーズです。

例えば《矢場の娘》は、当時男性客に人気だった、矢で的を射るお店で働く女性を描いています。見たところ現代のダーツバーのようです。湯島天神の美人巫女をモデルにした《お波お初》や煙草屋の看板娘を描いた《浮世美人寄花《うきよびじんはなによす》　路考娘《ろこうむすめ》　瞿麦《なでしこ》》といった作品には、着物の装いもこなれている江戸の美女たちが描かれています。

略歴

？～1770。浮世絵師。10年弱の活動期間で数千点の作品を描いた。美人画や、見立絵（史実や故事などに取材しながら、衣装・風俗を当世風にして描いたもの）を得意とした。

美女たちのなかでも、春信が気に入って何度も絵に描いたのが、当時の会いに行けるアイドル、水茶屋「かぎや」で働いていたお仙です。農家の娘で、一三歳ぐらいから谷中《やなか》の笠森稲荷の水茶屋で働き、その可憐な美しさが評判に。水茶屋とは、寺社の門前や境内にある、一休みしてお茶が飲める憩いの場。江戸吉原にあった、男性客を遊女のいるお店に案内する茶屋とは違った業態です。メイドカフェの店員さんみたいな感じで、推しの店員に会いに男性客が通っていたのでしょうか。

お仙ブームと同じ頃、浅草・奥山の楊枝屋《ようじや》「柳屋」で働くお藤も大人気の看板娘で、お仙とお藤はライバル関係に仕立て上げられていました。楊枝屋とは現代でいう歯ブラシを売るお店です。

都会的なお藤より、清純そうなお仙の方が人気だったようです。今の時代、キャバクラ嬢なども、素人っぽくて一見清純派に見える人が人気になりがちなので、二六〇年経っても男性の好みは変わっていないのでしょうか。楊枝屋さんだと接客は短時間ですが、水茶屋の方はしっかりとコミュニケーションが取れそうです。また、当時の芸能人的な美女の最高峰、吉原の花魁はなかなか手が届かない存在ですが、水茶屋なら庶民でも通えます。お仙と話したくて何杯もお茶を飲み、課金しまくるオタクの人

鈴木春信画　柳屋見世　東京国立博物館蔵　出典：ColBase（https://colbase.nich.go.jp）

もいたようです。「水茶屋の　娘の前で　くだす腹」という川柳も残っています。茶カテキンを摂取しすぎたのでしょうか。

なんといってもお仙の人気をプッシュしたのは、春信の錦絵でした。明和五年（１７６８）頃に描かれた絵が大評判だったようです。彼の絵が、茶屋娘オタクを生み出したといっても過言ではありません。《かぎやお仙》には、団子（笠森稲荷のお供え用）の皿を持ち、着物の裾がはだけて、白い脚がチラ見えしている姿が描かれています。その頃、お芝居のセリフでも「かあいそうに去年の春信から又ぐっと評判つゐてだれしらぬものはござりませぬ……」という、錦絵がきっかけでお仙が大ブレイクして忙しくなったことをほのめかす文言がありました。

よく見るとこの絵はかなり官能的で、春信の妄想や願望が込められているようです。同じく水茶屋娘で人気だった「堺屋おそで」や、楊枝屋の「柳屋お藤」を描いた絵よりも、脚の露出度が高いです。さらに、一見地味な縞柄の着物ですが、よく見ると上半身がスケスケでした。シアーファッションを先取りしています。鳥居が描き込まれて、神社が近いことがわかりますが、神域にしてはかなり扇情的な姿で、当時の江戸の男子がこの絵に妄想をかき立てられたのもわかります。同性としては、身体が柔らかそうでほっそりしているのは、骨格診断的にウェーブかもしれない、と思えて羨ましいです。

お仙は錦絵が売れただけでなく、絵草紙、双六、手ぬぐい、人形、読売（瓦版）など、アイドルグッズが多数展開されていました。現代でいう、グラビア写真集やタオル、ゲーム、フィギュア、雑誌の特集などあらゆるメディアで展開されるような感じでしょうか。お仙の経済効果は大きいです。本人には入ってこなさそうですが……。

鈴木春信画　お仙と若侍
東京国立博物館蔵　出典：ColBase（https://colbase.nich.go.jp）

しかしお仙は、春信の絵が評判になってからわずか二年後、まだ人気絶頂の二〇歳の時に姿を消してしまいます。明和七年（1770）頃に刊行された摺物《すりもの》には、消えてしまったお仙に対するオタクの思いを表す流行り歌に、春信の絵が添えられていました。モノクロの線画に淋しさが漂います。

駆け落ち説や、殺された説まで流れましたが、お仙は結婚し家庭に入って、平凡だけれど幸せな日々を送っていました。お子さんは九人もいたそうです。結婚相手は、一〇歳年上の倉地政之介。笠森稲荷を勧請《かんじょう》した家の出です。政之介は密偵だったので、二人ともプライベートは表に出さないようにしていました。水茶屋のアイドルとして当代きっての絵師に描かれたあと、スパイの妻になって引退とは、ドラマティックな半生です。

結果的に行方がわからなくなってミステリアスな印象を残したのも、オタクにとってはよかったのだと思います。誰々と結婚した、と発表されるとオタクの心も荒れてしまいますが、美しいイメージのまま姿を消す、という方が、いつまでも人びとの心の中に残りそうです。

それにしても農家の娘として育って、武士で地主の御家人と結婚とは、当時としては玉の輿です。評判の水茶屋娘として、神社にも多数の参拝客を呼び寄せた貢献が、お稲荷さんに認められて、良縁を授かったのかもしれません。
春信は《風流艶色　真似ゑもん》という作品で、お仙がお藤とともに仙女となって現れた姿を描いています。ややもやした雲に乗って宙に浮き、土団子をのせたお盆を持っているお仙は霊妙な魅力を放っています。会いに行けなくなっても、お仙は神格化されていて「アイドル」の語源である偶像崇拝を表しているようです。

参考：『鈴木春信　江戸の面影を愛おしむ』田辺昌子著　東京美術　2017年
『浮世絵が語る　江戸の女たちの暮らし』藤田誠著／高木まどか監修　グラフィック社　2022年

10 怪奇オタク

～物怪との三十日間戦争～
稲《いの》生《う》平《へい》太《た》郎《ろう》

不気味だけれど憎めない物怪たち
串刺しの首
巨大ヒキガエル
這い出す赤子
生首から腕
ちょっと嬉しそう
時には美女が餅菓子を持ってきして次女を
消したり……サービス精神旺盛です

昨今、心霊スポットに行ったり、事故物件に住んだりして、怪談を語る芸人さんや怪談師が人気を博していますが、江戸時代にも怪現象に挑んだ若者がいました。

その顛末は『稲生《いのう》物怪録《もののけろく》』という本にまとめられて現代にも伝わり、文芸作品や漫画、演劇などの形で広く普及。そのくらい魅力がある内容で、まさに人間と物怪のコラボ作品のようです。

時は江戸中期の１７００年代半ば、備後国《びんごのくに》（現在の広島県）の武士の家に稲生平太郎《いのうへいたろう》という少年が暮らしていました。弟が生まれたあと両親が早くに亡くなり、平太郎は権平という家来と一緒に屋敷に住むことに。

ある時、隣人で力自慢の権八が家に来て、二人で百物語を話したあと肝試しに行くという計画が生まれます。怪談トークのあと、平太郎が一人で、夜の比熊山《ひぐまやま》に入りました。この山には祟る石や杉があって、近所では物怪が出ると恐れられている場所でしたが、何事もなく帰ってきた平太郎。しかし、それからしばらくして、怒濤の怪現象が……。

略歴

1735〜1803。備後国三次の人。肝試しをきっかけに怪現象に巻き込まれる。成人後は正令(まさよし)と名乗り、広島藩士を計52年勤めた。

ある夜、部屋が明るくなったり暗くなったりして、平太郎が障子を開けようとしてもびくともせず、障子が外れた時に、剛毛が生えた丸太のような腕が一瞬見えました。畳が散乱し、家来の権平も失神してしまいます。そんな怪現象のさなかに、「こいつは草双紙や昔話などにあることだな」と睨み返した平太郎は、相当メンタルが強いです。

数日後、次なる怪現象が。夜中にどこからか「ドロドロ」という音が鳴り、家が激しく揺れだします。幽霊の効果音「ドロドロ」は、この時からあったようです。平太郎は、この程度なら家はつぶれないだろうと冷静に就寝。

平太郎の屋敷の噂は隣近所にも広まって、生き霊、死霊、狐狸《こり》のせいだとさまざまに噂

7月1日　一つ目の化物

稲生物怪録絵巻（堀田家本）　湯本豪一記念日本妖怪博物館（三次もののけミュージアム）蔵

7月8日　空飛ぶ塩俵と木履（部分）
稲生物怪録絵巻（堀田家本）　湯本豪一記念日本妖怪博物館（三次もののけミュージアム）蔵

され、恐れられます。一方で、日中は見舞客や見物客がたくさん訪れるように。家鳴《やな》りは毎晩のように起きて、弟の履いてきた下駄が部屋を舞い歩くなどのポルターガイスト現象も発生。

次第に物怪は本気を出してきて、怪現象が激しくなってきます。どこからともなく鞘《さや》から抜かれた刀が飛んできたり、大きな塩俵が飛んで落下したり。訪問者も逃げ帰ってしまいますが、平太郎は塩俵を庭に投げ捨てて就寝。武士の鑑です。

物怪のクリエイティビティには驚かされるのですが、その次に現れたのは、白い衣服の袖から生えてくる手。しかも、その手の先からまた小さな手が生えてきてウジャウジャと密集。寝ている平太郎の顔を無数の手が触ってなかなか眠れませんでしたが、放っておいたら次第に消えてしまいました。平太郎は、物怪に対するスルースキルを身に付けたようです。

そのあとも、連続して起こる怪現象。畳がバタバタ起《た》っては落ち、ホコリまみれになり、邪気に当てられた隣人の権八も体調を崩してしまいます。しかし平太郎は冷静で、ろうそくの灯が天井まで届いて燃えそうになった時も、「これはまたいつものやつ」「ただの目眩《くら》ましだろう」と気にせず就寝。平太郎と物怪の根比べのようになってきましたが、罠をしかけたり、祈祷を頼んだり、香を焚いたり、仏影を飾ったり、いろいろ対策を講じても一向に怪現象はおさまりません。

半月ほど経ち、平太郎は家に一人でいても暇で「ときおり出没する物怪に気を紛らわしている」という境地に達します。

友人たちが訪ねてきた時は、裏の物置に置かれていた漬物樽が勝手に動いて客人の前に。「おのおのがたに、お茶うけになされよ、とのことかも知れません。物怪どもの思いやり、なんと優しいことだ」と平太郎は物怪目線になって言いますが、客人は怖がって食べようとしませんでした。

親戚から、屋敷を出ることを勧められても「これぞという真相を見届けたうえで」と、そのまま住み続けることを希望した平太郎は、物怪の見せるイリュージョンに次第にハマっていったのかもしれません。もはや怪奇オタクのようです。

《稲生物怪録絵巻》では、怪現象がビジュアル化されていて、その発想力と奇想天外ぶりに圧倒されます。部屋に水が湧きだしたあと、潮が引くように消えていく。女性の生首が現れ、舌でなめ回す。足が生えた大きな石が、蟹《かに》のような目で睨んでくる。

7月24日　数千の小蝶(部分)
稲生物怪録絵巻(堀田家本)　湯本豪一記念日本妖怪博物館(三次もののけミュージアム)蔵

塩俵が飛来し塩をまき散らす。化物が知人になりすまして来訪。物怪が友人に変身し、頭に丸い穴が開いて赤子がぞろぞろ這い出す。巨大なヒキガエルが押し入れから飛び出してくる。杵《きぬ》がひとりでに臼《うす》をつく。大きな老婆の顔が現れ、平太郎を舌でなめ回す。まん丸の眼をした首が串刺しになって出現。畳が全部持ち上がって天井に糸でくくりつけられる。大きな蜂の巣が出現し、赤や黄色の泡を噴出。数千の蝶が部屋を飛び回る。大きな青入道が現れ、踏んだらねばついた。首から腕が生えた女の生首が飛んできて平太郎をなで回す。大勢の虚無僧《こむそう》たちが部屋で尺八を演奏。炉《ろ》から巨大な頭が現れ、無数のミミズが這い出す。など、怖いけれどどこか風流な怪現象の数々が。

今でいうネイキッドやチームラボ、ライゾマティクスなど最先端の企業が制作したプロジェクションマッピングやデジタルアートのようで、怖いながらも魅了されます。これらの現象を現代で再現したら、かなりの集客が見込めそうです。

『稲生物怪録』の怪現象は、低級霊ではなく魔物のなかでも上位の霊が起こしているような、どこか一定レベル以上の品格があるように思います。ラスボスである魔界のプロデューサーは三〇日目に姿を現します。

卑しからぬ風貌の太った大男が現れると「我は山ン本五郎左衛門という者なり」と名乗ります。やはり「我は狐狸などの賤《いや》しき類にはあらず」とのことで、「我は魔王の類なり」と正体を明かしました。しかも、これまで物怪をスルーしていた平太郎が一番苦手とするミミズの群れのビジョンを最後に出現させました。これをなんとかこらえて、ラスボスとの戦いに勝利した平太郎。

大男はカラカラと笑い、「そなたは気丈なる者なり」と認めてくれます。魔王いわく、平太郎はこの年厄難に遭《あ》う年回りで、魔王や物怪たちはその時期を狙って脅していたそうです。それも律儀な話です。もちろんギャラは無償にもかかわらずさまざまな凝った演出が。しかし平太郎は一向に恐れないので、日数が増えていったとのこと。

また、平太郎以外に、わざわざ見物に来たり泊まりに来た人には、「みずから難を招く道理なので、ついにはその身の仇《あだ》となることだろう」との戒めが。これは現代にも通じる警告です。自ら心霊スポットや廃虚に行って運気が下がる人、心身に不調をきたしてしまう人は今でも少なくありません。種明かしをしたあと、魔王は駕籠《かご》に乗って空の彼方に去ってしまいました。最後まで、脇差しを抜こうとする平太郎の恐れ知らずぶりが半端ないです。

三〇日間の怪現象は、平太郎の厄年的な年回りの影響で起こっていたそうですが、最初は怖がっていた平太郎も、次第に物怪の演出を心のどこかで楽しみにしていたのではないでしょうか。娯楽が少ない江戸時代に、誰よりも早くプロジェクションマッピングやお化け屋敷を体験できた平太郎。さらにその体験談が数百年も語り継がれるとは、まさに災い転じて福となす。本人の心の持ちよう次第で、怪現象もエンタメになると教えてもらったようです。

11 貝石オタク

～ナニワの賢人～
木村《きむら》蒹葭堂《けんかどう》

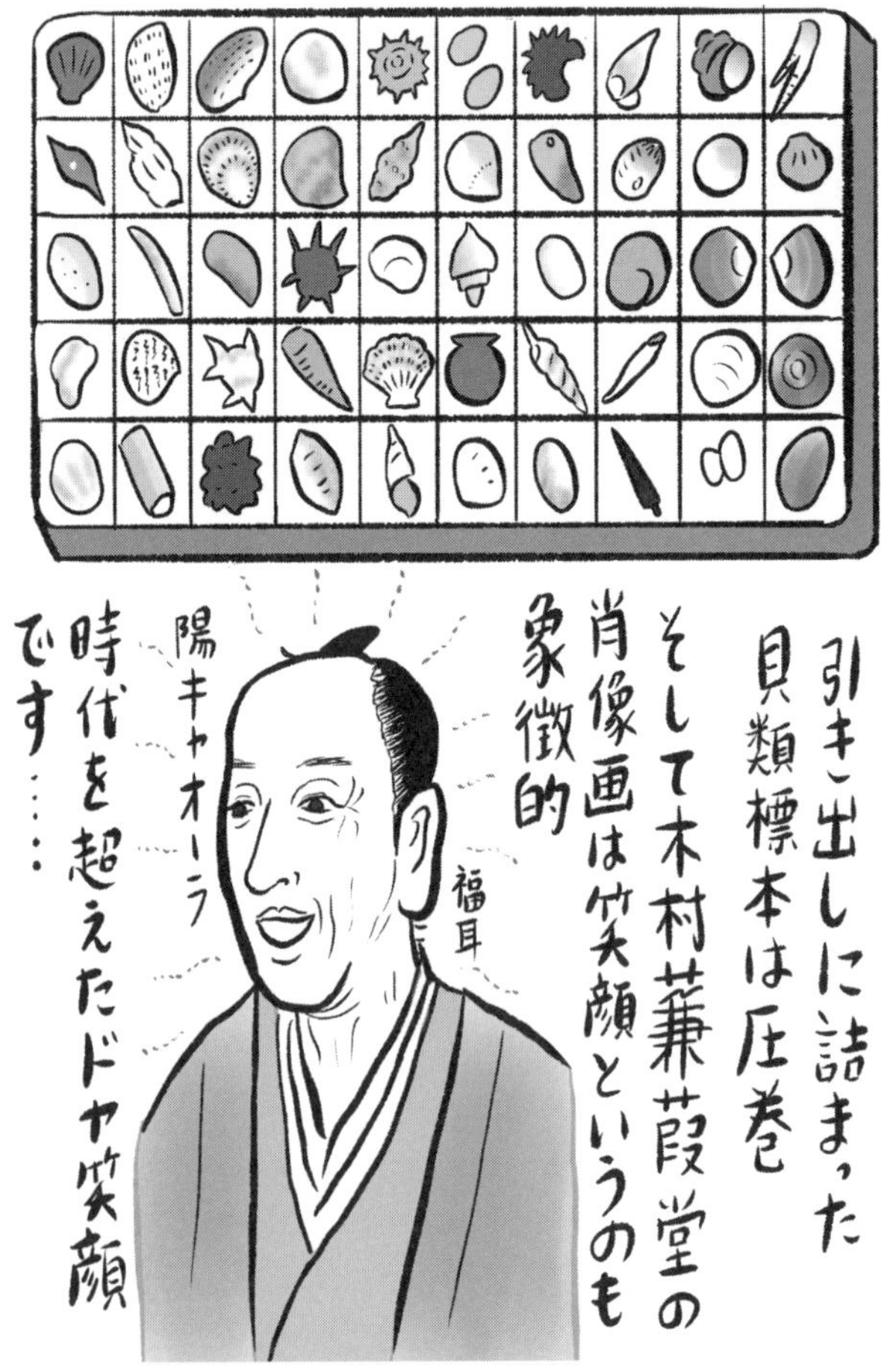

引き出しに詰まった
貝類標本は圧巻
そして木村蒹葭堂の
肖像画は笑顔というのも
象徴的
福耳
陽キャオーラ
時代を超えたドヤ笑顔
です……

江戸時代の中期、木村蒹葭堂《きむらけんかどう》のサロンには全国各地から文人や画家、学者が集まってきたそうです。大坂を代表する「知の巨人」とも称される木村蒹葭堂。森羅万象「ありとあらゆるものを取って、己が趣味好事の対象とした」そうで、興味の範囲は多方面に広がっていました。書画や詩といった文系の活動だけでなく、本草学や生物学など理系の研究もしていて、文系、理系両方の才能を持つ、ハイブリットな知識人だったようです。

例えば、鯨の一種であるイッカクについての研究書『一角纂考《いっかくさんこう》』、珍しい魚の報告を集めた『諸国異魚図《しょこくいぎょず》』、各地の産物についての『日本山海名産図会《にほんさんかいめいさんずえ》』など著書多数。書画や骨董、多数の書物、鉱物標本や動物標本などを所有していました。なかでも貝や石などの素晴らしいコレクションは彼の蒐集品のなかでも代表的なものです。

大阪市立自然史博物館には木村蒹葭堂の貝石標本とされるコレクションが保管されています。岩石、鉱物などは六段の重箱に、貝などは七段の重箱に収められています。

その宝箱のような佇まいに、蒹葭堂のコレクションへの愛が伝わってきます。集め

略歴

1736〜1802。酒造りと貸付業《かしつけぎょう》を営む家に生まれる。書画、本草学、植物学などを学ぶ。詩文のための結社「蒹葭堂会」を興し、多くの文人と交流した。

たものを適当にテレビ台などに置いて、ほこりをかぶらせている現代人とは違う本格的な蒐集家です。

奇石標本の箱の写真を見ると、黒光りする石や、何層にも分かれた石、グレーに白いドットが入った石、水晶、めのうのような石など、渋いけれど趣があるコレクション。貝類標本はさらに圧巻です。特に貝類の研究に力を注いでいた蒹葭堂。ある引き出しは一〇四にも仕切られて、正方形のマスに貝がぎっしりと並んでいます。巻貝、二枚貝など小ぶりながらも美しい形で、当時の海の生態系が豊かだったことを思わせます。貝類が収められている漆塗りの重箱もゴージャスです。

日本の貝類だけでなく、ヨーロッパのモミジソデという巻貝も収められていて、これは一説にはヨーロッパから最初にもたらされた貝の標本だそうです。自然科学史的にも重要なコレクション。蒹葭堂は集めるだけではなく『奇貝図譜《きばいずふ》』という本を著しています。貝の種類や収集、貝についての文献などをまとめた学術的にも価値がある内容です。

例えば、「貝合わせ」「貝覆《おお》い」など、貝で遊んだり観賞する風習についての項も。貝合わせは貝を見比べて優劣を競う遊びで、貝覆いは二枚貝の対を探す遊びだそうで、

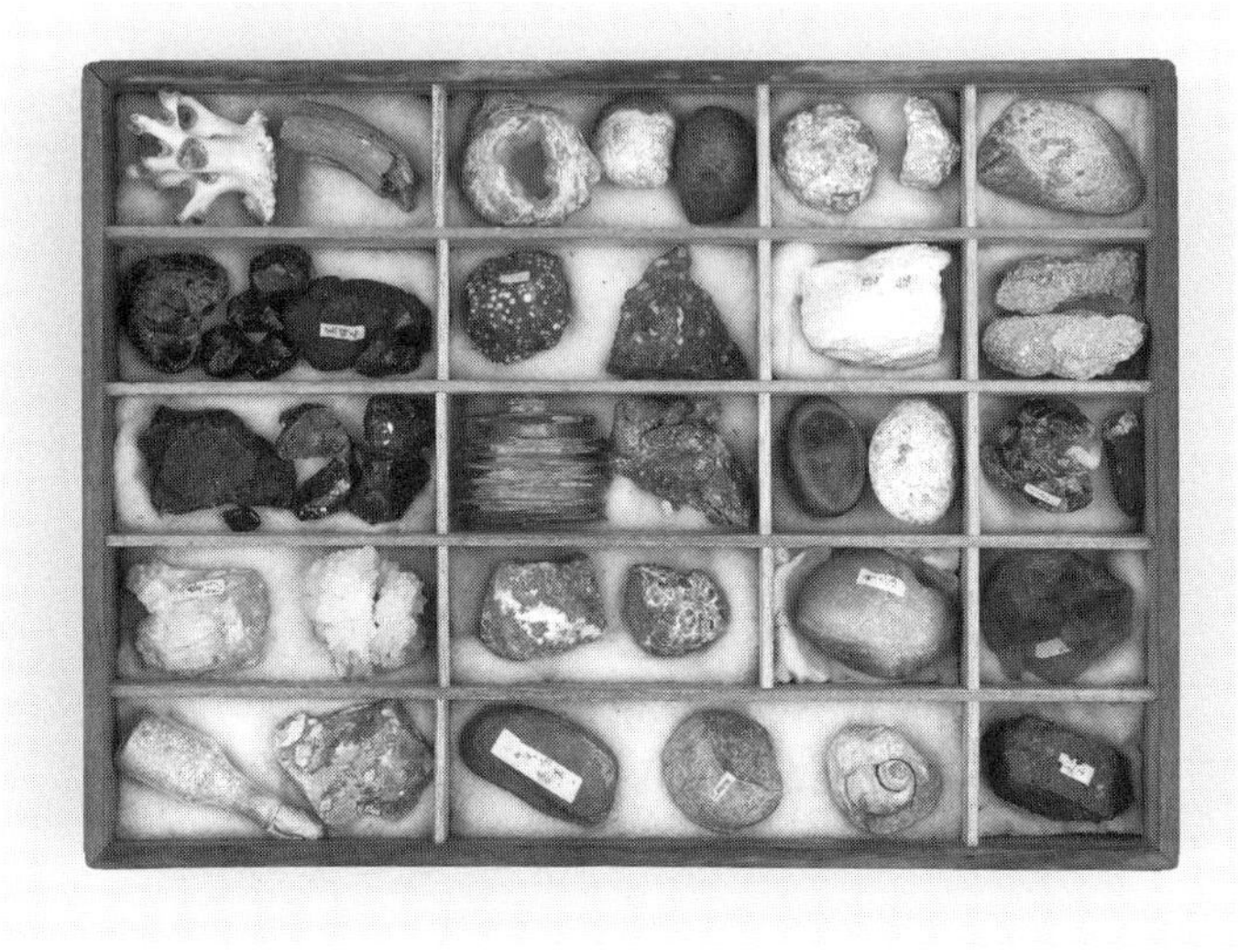

木村蒹葭堂貝石標本(奇石標本)　大阪市立自然史博物館蔵

風流すぎます。スマホで目や脳が疲労している現代人も、先祖がたしなんだ貝遊びで心身を浄化した方がよさそうです。

別の項では、国内外の貝図録についての記述が。中国やオランダの文献など、江戸時代に海外の書物に触れていた蒹葭堂の見識と財力に驚かされます。通販もない時代、海外の本を入手できる特別な人脈があったのでしょう。

貝の観賞法についての項も。形、色、光沢などが貝の優劣を決めるそうです。生きたまま貝を採って肉を取って、よく洗い磨くのがおすすめの採取法とのことで、貝の身はどうしていたのか気になります。

『奇貝図譜』に収録されている貝の図には、それぞれ当時の名前が添えられています。山伏《やまぶし》の帽子のような「山伏介」、蓑《みの》に似ている「蓑介」、亀の甲羅風「亀介」、筍《たけのこ》そっくりな「筍介」など、見た目そのものの名前も多くてわかりやすいです。ミノガイ、タケノコガイ、カメガイなど今も使われている名称も。

さらに研究成果をまとめた図説を出版しようとしていましたが、志半ばにして亡くなってしまい、実現しませんでした。生涯最後のマイブームが貝石だったのでしょうか。しかし残っている彼の肖像画は楽しそうに笑っていて、興味がある分野を極め、

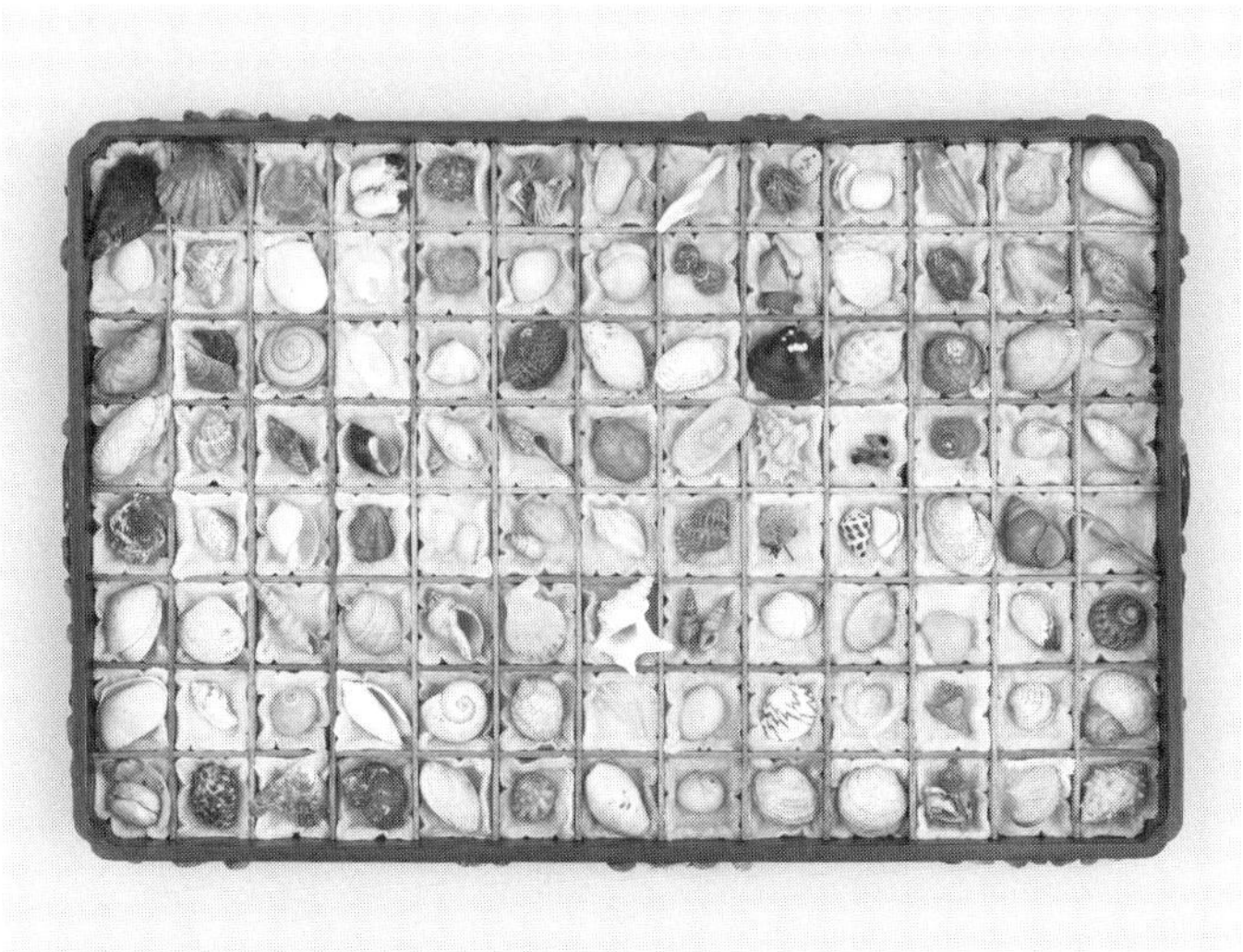

木村蒹葭堂貝石標本(貝類標本)　大阪市立自然史博物館蔵

好きな物や人に囲まれた楽しい人生だったことが伺い知れます。

元文元年（1736）、大坂の酒造家に生まれた蒹葭堂は六歳の時に画を習ったり、文人のもとで学んだりして早熟な才能を開花させました。一一歳の頃には儒者のもとで経史や詩文を学びます。ほかにも本草学や茶の湯を習ったりと、親が息子の習い事にはお金に糸目をつけなかったのでしょうか。子ども時代から常に一流の知識人に囲まれ、生まれついての人脈運があったようです。人も物も引き寄せる吸引力が。

大人になってからも、酒造業だけでなく、貸家の家賃収入もあり、わりと裕福な暮らしでした。蒹葭堂には妻のほか、跡継ぎを残すためにお妾《めかけ》さんもいて、同居していたそうです。遊廓に行ったりはせず、趣味のためにお金を費やしていました。蒹葭堂が見ていないところで女性二人がギスギスしていたかもしれませんが、きっと貝や石に夢中で気づかなかったことでしょう。家は博物館や図書館のようにコレクションや蔵書が豊富で、たくさんの人が来訪していたことが『蒹葭堂日記』には記されています。二人の女性たちは客人のもてなしに奔走していたのかもしれません。

酒造業と蒐集と家庭のワークライフバランスは順調に保たれていたように見えましたが、お上が信用できないというのはいつの時代も同じ。寛政二年（1790）頃、過醸（醸造石高の超過）の摘発を受けて、醸造権や酒造道具が没収されてしまいます。意図的に摘発されたと言われているので、知識人として目立っていたことで見せしめとして摘発されたのかもしれません。

蒹葭堂はそのあと文具商に転職し、文人仲間とは変わらぬ交流を続けていたそうです。悔しい思いをしながらも、蒹葭堂を支えていたのは趣味の活動でした。いわゆる推し活が、仕事がうまくいかない時も心のよりどころとなっていたのでしょう。これは現代人にも使える処世術です。仕事ばかりが中心になっていると、何かで行き詰まった時につぶしがきかず、逃げ場がありません。でも、素晴らしいコレクションや蔵書があれば、家の中がパワースポットに。きっと貝や石のパワーが蒹葭堂にとって持続可能なエネルギーの源泉だったのでしょう。ポジティブな上方《かみがた》オーラをまとったコレクションや絵は、時代が変わっても見る人を元気づけてくれます。

12 鼠オタク

～ネズミは愛玩動物だった～

定《じょう》延《えん》子《し》

「珍玩鼠育草」に収録されているネズミの絵が躍動感があってかわいいです
扉の絵は作者の少年時代かもしれません
黒眼の白
豆ぶち

夜、街を歩いていると視界の端をチョロチョロと走る小さな影が。特徴的なしっぽが目に入ると思わず後ずさりしてしまいます。鼠といえばほぼ害獣扱い。ミッキーマウスやバンクシーが描く鼠となると急にブランド感が高まりますが、巷《ちまた》の鼠は、ばい菌を媒介していて不潔だとかゴミを漁っているイメージです。

でも、1700年代にはそんな鼠がペットとしてブームになっていた時期があったのです。戦のない平和な江戸時代、まず大名や御家人などの上流階級が犬や猫などペットを飼いはじめ、庶民にも動物の愛玩が広がりました。鳥や虫、金魚なども人気だったようです。そのなかで明和年間（1764〜72）や天明年間（1781〜89）に鼠ブームが巻き起こります。このブームの中心地は関西地方で、版元からは鼠の飼育の指南書まで出版されました。

そのうちの一つ『珍翫鼠育艸《ちんがんそだてくさ》』の著者が、定延子《じょうえんし》という人物。生粋の鼠好き、鼠オタクといってもよさそうです。

まず、本は鼠をほめたたえる文章ではじまっています。

略歴

生没年不明。天明年間に『珍翫鼠育艸』という鼠の飼育指南書を著したとされる。

鼠家にありて善悪をしる。必《かならず》鼠集まる時は近き吉事あり

鼠は人の家に住んで、物事の善悪をわきまえています。鼠が集まる家には、近い将来よいことがあるでしょう。――物事の善悪がわかる鼠……そんな様子、今までまったく感じたことがなかったです。鼠が集まる家はむしろ不衛生だったり、隙間が空いていて貧乏だったりというイメージですが、江戸時代は食糧が豊富な家に鼠が居着くという認識だったのでしょう。

子《ね》は干支の一番目で、卦《け》（易で占った結果あらわれる象《かたち》）は艮《ごん》になります。三〇〇歳の長寿にもなると人間に憑依して吉凶を占い、千里眼で遠い場所の事象を知ることができます。最近、鼠を愛玩する人が増えているのはおめでたい兆しです。と、著者の鼠礼讃は続きます。

三〇〇歳の化け鼠が人間にとりつく……想像するだけでも恐ろしいです。とはいえ、ドブネズミではなくハツカネズミなら、神聖な印象です。この本も、目次を見ると、「白鼠のはじまり」「諸鼠の異名」「諸鼠の絵図」と、白い鼠についての章からはじまり、ほかのさまざまな愛玩用の鼠についての解説に入っていきます。

さらに「鼠樊にてさけて置くべき心得の事」という鼠の飼育で避けるべきことについての章や、「子をうみ候て心得とやのこと」という鼠の出産についての章まで。

続いて、暑い時や寒い時のエサについて、健康に飼育する方法、オスメスの見分け方、野性の鼠、珍しい鼠について、など、目次からも充実した内容が伝わります。

「白鼠のはじまり」の章には、「黒眼の白ねずみ」は大黒天のお使いなので、愛玩することで家がますます富み栄える、ということが書かれていました。中国から日本に来た有名

安永年間の鼠を売る商店に群がる人びとと、鼠を大事そうに抱えて歩く家族の姿

養鼠玉のかけはし　国立国会図書館デジタルコレクションより

な禅僧である隠元《いんげん》禅師も黒眼の白ねずみを愛玩していたそうです。

エサについての章を読むと、気温によってエサの種類を変えるなど、手間をかけてかわいがっていたのが伝わります。飼育箱の中には常に黒米を入れておき、ほかに人間と同じごはんを与えます。五月末から七月にかけては水分多めに。春から秋にかけては大根や水菜、青葉をあげるのがおすすめだそうです。健康を保つために、川魚、モロコ（淡水魚）などを焼いて砕いたものを食べさせるとよいとのこと。オーガニックなエサは人間が食べてもおいしそうで、当時の鼠はきっと毛並みがよかったことでしょう。

飼育箱にはワラが敷かれて快適な環境でした。また、子鼠を産むための部屋は広い空間がいいそうです。先祖がこんなにいい思いをしていては子孫が期待して、現代に生まれた鼠は「あれ？」と思うことでしょう。

当時愛玩されていた鼠の毛の色については、白のほかは、熊ぶち、ふじ、妻白《つましろ》、くぐり、頭《かしら》ぶち、藤の筋、むじ、とき、あざみ、月のぶち、豆ぶち、目赤の白、すじ、黒眼の白など、約一五種類が確認されていたようです。舞ネズミという、くるくる回るコマネズミも、芸をする鼠として重宝されていました。

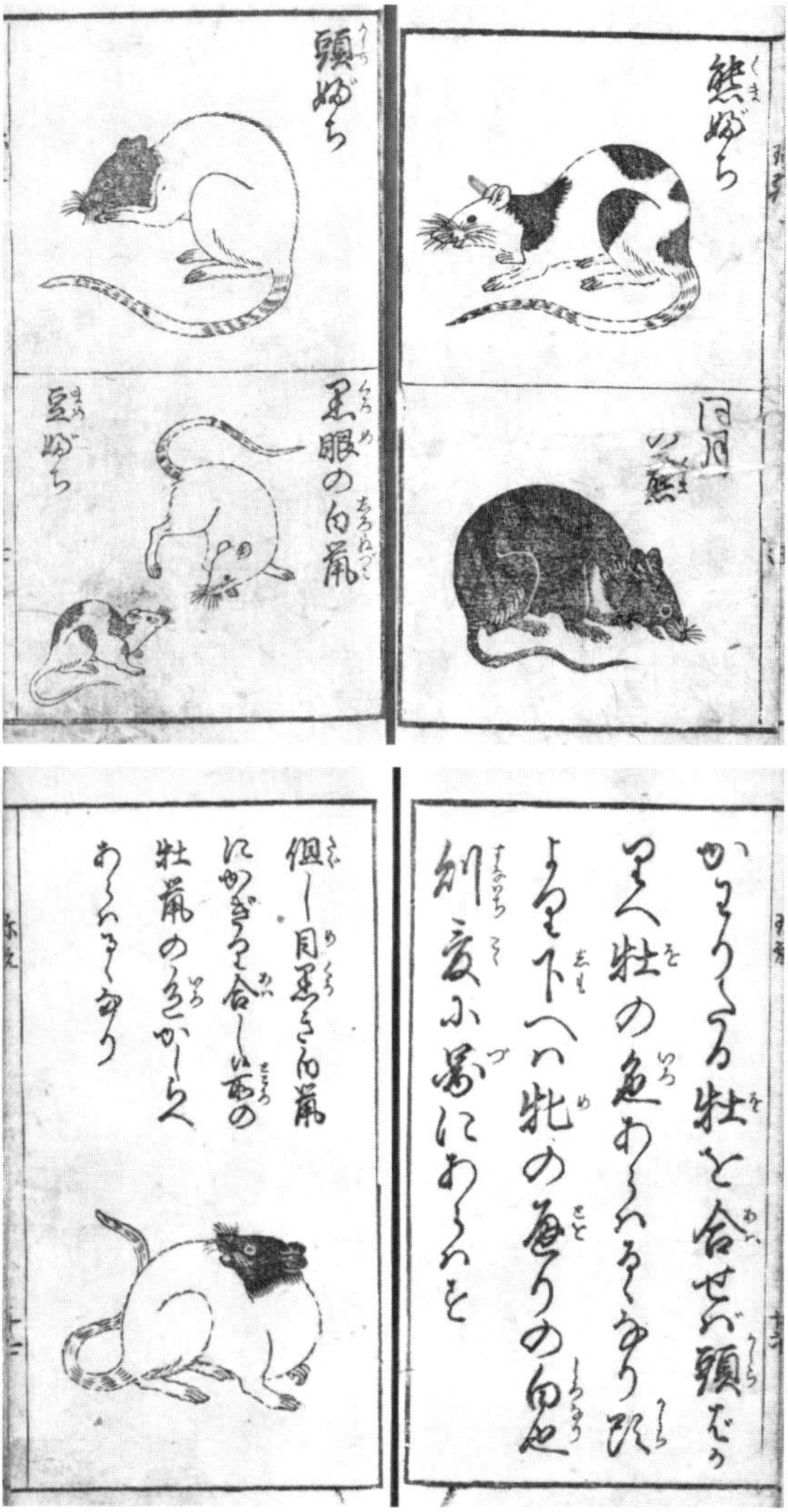

珍玩鼠育草　国立国会図書館デジタルコレクションより

本の挿絵を見ると、「熊ぶち」は熊というよりホルスタイン牛のような模様です。「頭ぶち」は首から上が黒いミステリアスな鼠。頭ぶちをさらに何かと掛け合わせて顔の真ん中だけ白くなれば……もはやリアルミッキーマウスです。「黒眼の白」は黒目がちで体が白くて、今でも通用するかわいさです。

掛け合わせについても書かれています。例えば、目の赤い白ネズミ（メス）と熊ぶちネズミ（オス）を交配すると、全身真っ黒の子が生まれるそうです。黒眼のまだら白鼠（オス）と、黒眼の白鼠（メス）を交配すると、頭部が藤色の子が生まれる、というのも、かわいくて希少価値がありそうです。

著者の定延子は実際に交配してみたのでしょうか。家中たくさんの鼠が走り回っていそうです。いちいち黒米や川魚を与えていたら食費がかさんで大変ですが、それが可能なほど、定延子の家は経済的に余裕があったのだと思われます。それこそ、大黒天のお使いでもある鼠が福をもたらしてくれたのかもしれません。

ところで、人類や鼠など哺乳類の共通の祖先はProtungulatum donnae（プロトゥンギュレイタム・ダネー）という鼠に似た生き物という説があります。この説が真実であれば、鼠を大切にすることはご先祖を大切にすることにつながります。鼠といえば「駆除」

が予測検索の候補に出てくる現代人は、大切なものを失ってしまっていて、いつか祖先のバチが当たりそうです。自然と共生していた江戸時代の人びとは、本能的に鼠は敬うべきと気づいていたのでしょうか……。

参考：「シリーズ・香川大学の貴重図書2　『珍翫鼠育艸』」　金子之史　香川大学附属図書館報　2002年
https://kagawa-u.repo.nii.ac.jp/record/7793/files/AN10131818_35_02-08.pdf

13 奇談オタク

〜最近、何か変わったことは?〜

根《ね》岸《ぎし》鎮《やす》衛《もり》

奇談オタクの根岸鎮衛は異例の出世で
妬まれることもあったようです
彼は根岸家の
家紋である
「蛇の目」を愛用
魔除けのパワーで嫉妬の念をはね返して
いたのでしょうか。これも奇談の一つに……

都市伝説や怪談などがブームになっていますが、早くも江戸時代に怪談や奇談、都市伝説的なエピソードを集めていた人がいます。しかも勘定奉行や南町奉行も務めたエリートというのも驚きです。その人の名は根岸鎮衛《ねぎしやすもり》。耳の中に聞きためた話、という意味合いで『耳袋』という名の本を世に出しています。

佐渡奉行だった天明五年（１７８５）頃に書きはじめ、その二年後、勘定奉行に昇進し激務で一旦執筆は中断しますが、仕事に慣れてまた余裕ができたのか、寛政七年（１７９５）頃に再開。亡くなる前年の文化一一年（１８１４）まで、全一〇巻もの壮大なシリーズを書き上げました。

本人は最初からこれほど長大なシリーズものを書く予定はなく、江戸から佐渡奉行として島に引っ越して、寂しくて空いた時間に書きはじめた、というのがきっかけのようです。それにしても、奇談オタクといってもいいくらいの分量と熱意です。

根岸鎮衛にとってはあくまで趣味のようなもので、外に発表するつもりはなかった

略歴

1737～1815。旗本安生定洪の三男。勘定吟味役、佐渡奉行、勘定奉行と異例の出世を遂げ、60代で町奉行を拝命した。周囲からの人徳がある人物だったという。

のが、家族や親しい人が回し読みをして、そこから徐々に口コミで広まり、借りて書写する人も現れました。のちにその写本が世の中に出回ることになった、というのが経緯のようです。今のようなSNSもない時代に、こんな風に広がって、しかも何百年も後世に伝えられるとは、内容がそれだけ魅力的だったのでしょう。本人は不本意だったようですが……。そもそも勘定奉行として年間三千石（今のお金に換算すると二億円以上という説も）も稼いでいるので、出版で生計を立てる必要がありませんでした。

目次を見るだけでもかなり好奇心を刺激されるラインナップで、現代でもバズりそうです。

「女をいましめし歌の事」「河童の事」「薬研堀《やげんぼり》不動起立の事」「人の運計るべからざる事」「蜂の巣を取り捨つる呪いの事」「蛇を養いし人の事」「虫歯痛を去る奇法の事」「池尻村の女召仕うまじき事」「狐つき奇異をかたりし事」「鼻血を止める妙呪の事」「痔の神と人の信仰おかしき事」……など、都市伝説や怪談から、おまじない、健康法まで幅広いです。

平凡社ライブラリー『耳袋』から印象的だった奇談をいくつか取り上げてみます。

雷を嫌う事あるまじき事

長崎の代官が雷を恐れるあまり、穴を掘って石を張り巡らせた部屋を作ったという。落雷の時にはこの部屋に避難していたのが、あるとき留守中にその石の部屋に雷が落ちて粉々になった。

これはやはり代官の予感が当たっていた、ということになるのでしょうか。それとも、過度の心配が現象を引き寄せてしまう、ということを表しているのかもしれません。

猫の怪異の事

飼い猫が雀を狩ろうとしたら逃してしまい「残念なり」と人間の言葉を喋ったので、飼い主が驚き怪しんで火箸で殺そうとしたら、猫はまた人間の言葉を喋って逃げ去った。

現代では飼い猫が「ごはん」「おかあさん」などと喋ったと言って、飼い主が動画を投稿して喜んでいますが、かつては化け猫として恐れられていたようです。

奇物を得て富みし事

ある人が古道具屋で買った長持《ながもち》（衣服などを収納する大きな箱）の底が二重になっていて、中に小判が並んでいた。

怪現象に限らず、日常のエピソードも収められています。

怪我をせぬ呪い札の事

守護札を持っている男性が、深いお堀に馬と一緒に転落したけれど、怪我もせず着衣が乱れたくらいだった。

江戸時代は今よりもお守りやお札の効力が信じられていそうです。信じる者は救われるのでしょう……。

死霊その血縁をたちし事

三代前の主人に殺されたお坊さんの霊が、代々その家の子孫を若死にさせ、娘にもとりつき病気にさせていた。説得され、供養してくれたら娘の病は癒える、ということで決着がついた。

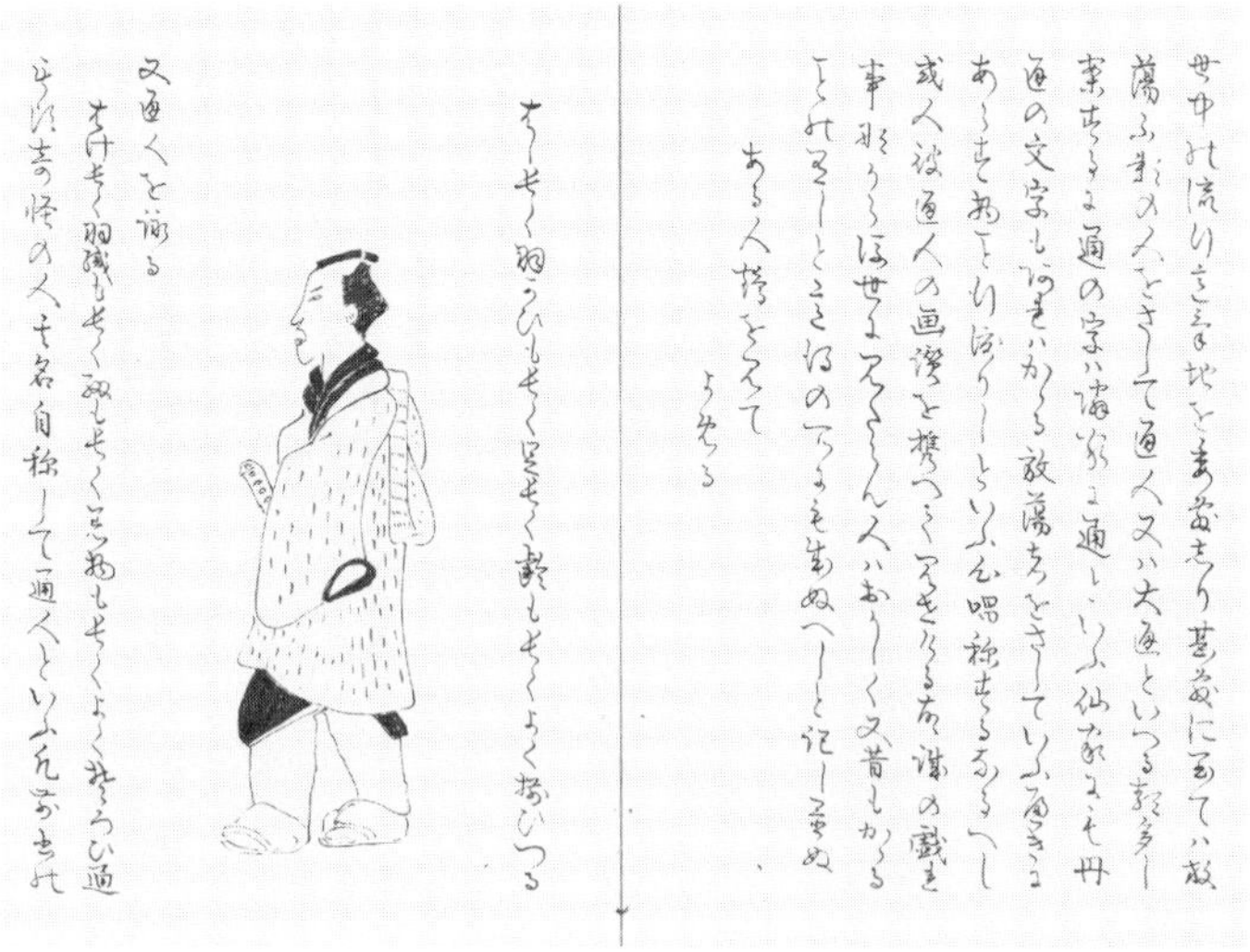

耳袋　国立公文書館蔵

怪談もさらっと書かれていて、あとからじわじわ恐怖がわき上がります。

女の髪を食う狐の事

狐や狸のいたずらで、女の髪がばっさり切られると言い伝えがあった。ある時野狐を捕獲してお腹を開いたら、腸内に女の髻《もとどり》（髪の束）が入っていた。

江戸時代は狐や狸も霊力を持っていそうです。

虫さし奇薬の事

まむしに刺されたところにイカの墨を塗ったら痛みが治まった。

民間療法ネタも時々出てきます。

眼の妙法の事
八十歳でも眼が良い翁に秘けつを聞いたら、箒草をひたしたものを和えてよく食べていたとのこと。

箒草（コキアとも）は今でも手に入りそうで、試したくなる健康法です。

狂歌にて咎めをまぬがれし事
貧しい僧侶が、鷹匠の鷹を驚かせてしまい、怒られたけれど、狂歌を作ってお詫びしたら許された。

意外なライフハックも紹介。江戸時代は狂歌ブームがあったようです。

こんなに日々奇談が集まってくるのも驚きですが、『耳袋』を読んでいて気づいたのは、勘定奉行という職業なのに説教臭さが一切ないこと。そのような立場の人なら、戒めめいたものを加筆したくなりそうですが、特に教訓はなく、事実を簡潔に書き綴っています。情報収集力や文章力、知的好奇心などがあって、仕事もかなりできる方というのも伝わります。周りからも、人柄がいいと評判でした。

　怪談や奇談を集めるうちに、庶民の生活や裏事情も把握して、それが奉行としての職務にも生かされていました。町家が寺院に多額の飲食品を請求した件では、五十両とは高額すぎるという意見があるなか、それは男色が売りの茶屋だと見抜くなど、膨大な『耳袋』のデータベースを活用。元盗賊で足を洗った人物を召使いとして起用していて、過去は過去として水に流していたそうです。もしかしたら、ディープな奇談を教えてくれる貴重なネタ元でもあったのかもしれません。

　スピーディーに出世したこともあり、嫉妬する人も多く、彼についてさまざまな噂が飛び交っていたようです。信州の農家の子だとか、火消しや大工出身だったとか、絹商人だった頃にお金で身分を買ったとか、全身に刺青があったとか、真否不明なことも囁かれました。まさに彼自身が、歩く奇談や都市伝説のようなミステリアスな存在でした。それは奇談の収集に精を出した根岸鎮衛としても本望だったことでしょう。

参考：『耳袋1（平凡社ライブラリー）』平凡社　2000年
『耳袋2（平凡社ライブラリー）』平凡社　2000年

14 のぞき眼鏡オタク

～日本一新しい絵を描く～
司《し》馬《ば》江《こう》漢《かん》

ミュンヘンの五大陸博物館に所蔵されている江戸時代ののぞき眼鏡師の絵
絵師の司馬江漢が愛用していたのぞき眼鏡はもっと洗練されたデザインでした
人間関係が煩しくなったのはのぞき眼鏡の仮想現実にハマったせいでしょうか……のぞき眼鏡依存に要注意です
なぜか半裸
江漢

先日、Webサイトの記事で江戸時代の不思議な職業の絵を目にしました。ドイツ・ミュンヘンの五大陸博物館に収蔵されている、江戸時代に描かれた作品のうちの一枚です。

シーボルトがお抱えの町絵師・川原慶賀《かわはらけいが》に描かせた、独特なタッチのシュールな絵なのですが、半裸の男性が、小さな紙芝居の箱のようなものを持って立っています。「紙芝居のように絵を次々と見せた覗き眼鏡師」というキャプションが添えられていました。箱の下部にはのぞき穴が開いていて、そこから中をのぞくと絵の世界に没入できるようです。

これは現代のVRゴーグルのようなものなのでは？　と興味を引かれました。二〇〇年後にApple Vision Proなどのデバイスに進化していると思うと感慨深いです。人はいつの時代も異世界をのぞいてみたい、という願望があるのでしょう。それを見せるのぞき眼鏡師という商売が成り立っているのも驚きです。今でいうVR体験施設のオペレーターのような仕事でしょうか。「ゴーグル型端末」や「VRヘッドセット」という呼び名よりも「のぞき眼鏡」の方が風流なので、この呼び名をリバイバルさせ

略歴

1747～1818。絵師、蘭学者。浮世絵、南蘋（なんぴん）派、中国風絵画を経て、洋風画家として大成。銅版画や油彩画を得意とした。

たいくらいです。

新潟県立大学のＷｅｂサイトに掲載されている板垣俊一氏の論文「江戸時代の覗き眼鏡」に、のぞき眼鏡についての詳細が書かれていました。のぞき眼鏡は、江戸時代に流行した、レンズをはめこんだ穴から絵をのぞいて鑑賞する装置で、中には遠近法を用いた風景画などが描かれていて、奥行きを体感できました。まさに没入型の仮想現実眼鏡です。

箱の側面ではなく、底に絵を置き鏡で反射させたものをレンズ越しに眺める「反射式のぞき眼鏡」というタイプもあったようです。さらに発展した「のぞきからくり」という装置もありました。レンズ越しに絵をのぞくと、のぞき眼鏡師が「からくり節」や「覗き節」と呼ばれる独特の節回しで絵を説明しながら、紐を操作して絵を次々替えていったようです。のぞき眼鏡の多くは風景画で、のぞきからくりはストーリー性があり、より紙芝居に近いものだったのでしょう。一七世紀にオランダからのぞき眼鏡が日本に入ってきた時は、各地で話題の的だったようです。

一旦ブームが落ち着いて、のぞき眼鏡の人気が再燃したのは一八世紀後半。そのなかで実際に使用しただけでなく、『のぞき眼鏡解説書』を書き、のぞき眼鏡を自作し、のぞき眼鏡用の遠近法的絵画を描くほどハマった人がいます。のぞき眼鏡オタクと言っても過言ではないその人は、絵師で蘭学者の司馬江漢《しばこうかん》。当時は彼以外にも、円山応挙《まるやまおうきょ》や平賀源内《ひらがげんない》らがのぞき眼鏡に関心を持っていたそうです。現代に例えると、イノベーター的存在に注目されていた最新鋭の装置でした。

司馬江漢は、三十代で蘭学に出会い、西洋風の銅版画の制作に成功。のぞき眼鏡の存在を知り、研究を重ね、自作の「反射式のぞき眼鏡」を売り出したそうで、今でいうメディアアート系の芸術家だったのかもしれません。さらには、自身が開発した銅版技法を用い、のぞき眼鏡用に左右反転した絵を描いていました。西洋から入ってきたカメラオブスクラ（写真鏡）で景色を投影したものを写生したこともあったようです。本人は「日本始まりて無き画法」と自負していました。周囲にも写真鏡を使って風景画を描く技法を勧めましたが、いまいち広まらなかったようです。のぞき眼鏡を用いた銅版画以外にも肉筆浮世絵や洋風画など、さまざまなジャンルに積極的に挑戦した人物です。

神戸市立博物館のＷｅｂサイトには、司馬江漢が描いた《不忍池図《しのばずのいけず》》や《両国橋》、《三囲之景《みめぐりのけい》》《広尾親父茶屋図》などが掲載されています。江戸時代としては珍しい、西洋風の繊細な銅版画タッチで、建物や人物の陰影が強調されています。これが奥行きを感じさせる効果につながっているのでしょうか。

実際、肉眼で一枚の絵として見ると、正直そこまで立体感がないのですが、もしかしたら特殊な箱をのぞいて見ることで、気持ち的にも浮き上がって見えてくるのかもしれません。ピュアで想像力豊かな人がのぞけば、より立体的に見えそうです。

司馬江漢は各地を旅しながら、のぞき眼鏡用の絵を制作することもありました。天明八年（1788）には、なんと徒歩で江戸から長崎への遊学に出か

三囲之景図　三重県立美術館蔵

けます。のぞき眼鏡活動がライフワークとなっていた彼は、道中で出会う人びとにのぞき眼鏡を見せていました。その道中でホームシックに陥ったそうですが、変わらず普及活動には熱心でした。地方で江戸の街を描いた絵を見せても、なかなか信じてもらえなかったようですが……。当時、大坂に住んでいた、文人で蒐集家の木村蒹葭堂《きむらけんかどう》（▼86ページ）にも見せて感心されたといいます。マニア同士は響き合うものがあるのでしょう。

新しい画法を次々と取り入れ、のぞき眼鏡のブームに一役買っていた司馬江漢ですが、もしかしたら現代の仮想現実やネットにハマる人びとと同じく、リアルな人間関係が煩わしくなってしまったのかもしれません。

晩年人付き合いが面倒臭くなり、まだ生きているのに自分の死亡通知を友人知人に発送し、「偽死」をよそおって隠遁《いんとん》生活を送りました。どうしても外出しなければならない時があって、タイミング悪く知人と遭遇すると、何も言わずに逃走。ごまかしきれないと「死人は声を出さぬ」などと言って煙に巻いたそうです。彼にとっての安心できる世界は、のぞき眼鏡の中にあったのでしょうか。現代なら、司馬江漢の思いに共感する人は多いことでしょう。生まれる時代が早すぎたようです。

15 虫オタク

～虫情深い大名の博愛～

増《まし》山《やま》雪《せっ》斎《さい》

虫を愛した文人大名、増山雪斎
謎の草
どこか優雅な虫たち
肖像画からも悠々自適感が……
自らが描いた虫もご本人に似ている気がします
カマドウマも品格が……
虫へのリスペクトが高まる絵です

江戸時代は、今よりも虫が人気で市民権を得ていたようです。2023年にサントリー美術館で開催された「虫めづる日本の人々」展。この興味深い展示で、江戸時代の虫カルチャーの一端を垣間みることができました。

例えば、蛍などを捕まえて観賞する「虫狩り」の風習や、「虫聴き」といって野外に虫の声を聴きにいく風流な遊びもありました。日暮《にっぽ》里《り》の道灌山《どうかんやま》は虫聴きの人気スポットでした。きっと、現代人がプロジェクションマッピングやデジタルアートの作品を見にいく感覚で、虫カルチャーに親しんでいたのでしょう。

街では「虫売り」が虫を売り歩き、鈴虫や松虫、コオロギやキリギリス、クツワムシに引き寄せられる人びと。高級感漂う素敵な虫かごが、ブランドアイテムのように並んでいる店もありました。また、遊女などおしゃれな女性は虫柄の着物を身に付けて、上級者感を出していたようです。江戸時代の人びとは、虫という小さい存在に着目し、愛でていたので、優しくて人情あふれる性格だったのでしょうか。

略歴

1754～1819。伊勢国長島藩5代藩主。40代で隠居、その後本格的に文雅の世界に浸ったとされる。花卉草虫を慈しむような博物図譜の数々を残した。

　中国から本草学などの学問が入ってくると、自然や生き物への関心が高まり草虫図《そうちゅうず》（草花とそれに群がる虫を描いた絵画）が描かれるようになります。図鑑のようにリアルな虫の絵を描く人も出てきました。そのうちの一人が増山雪斎《ましやませっさい》です。本名は正賢《まさかた》といい、伊勢国長島藩五代藩主をつとめていた大名でもあります。この長島藩とは現在の三重県桑名《くわな》市長島町のあたりです。書画にも長けていて、囲碁、煎茶《せんちゃ》など多趣味な雪斎は文人大名として知られていました。大名で文化人とは最強の存在かもしれません。雪斎は特に虫を愛した虫オタク大名でした。

　大名としてはそれほど活躍しなかったという説がありますが、二三歳で藩主になってからは水害対策に奔走していたようです。藩校「文礼館」を開設し、文化の振興にも注力しました。四八歳になって家督を息子にゆずると、悠々自適な趣味ライフに没頭したというのが羨ましいです。江戸時代にもセカンドキャリアという概念があったのでしょうか。本草学を学んだ雪斎は絵画にも興味を持ち、中国清代の画家・沈南蘋《しんなんぴん》の写実的な画風を身に付けました。沈南蘋は円山応挙《まるやまおうきょ》や伊藤若冲《いとうじゃくちゅう》ら国内の大物画家にも大きな影響を与えています。

　雪斎は虫を写生した絵を、全四冊の昆虫図譜《虫豸帖《ちゅうちじょう》》にまとめています。内容は春夏秋冬と季節ごとに分かれていて、蝶やトンボ、バッタ、セミ、キリギリス、クモ、カマドウマ、ゲンゴロウ、カブトムシ、ガ、ハチ、そしてトカゲやカエルなど、あらゆる虫たちが繊細で正確なタッチで描写されています。それぞれ虫の雌雄や日付なども記されていて、博物学的なデータとしても貴重です。経済的に余裕がある大名だからか、雲母《うんも》や金泥《きんでい》など高価な画材も使われているようです。飾ると運気が上がりそうです。

前述の「虫めづる日本の人々」展には、トンボやバッタ、カマドウマの絵が出ていて、その上品な線と色使いに大名らしい品格が感じられました。正確な描写だけれどどこかかわいらしさも漂う絵の中の虫たち。愛情込めて描いたのが伝わります。

雪斎は、さまざまな角度から虫を写生するため

春・夏・秋・冬の全4冊から成る『虫豸帖』

虫豸帖　東京国立博物館蔵　出典：ColBase（https://colbase.nich.go.jp）

に、生きている状態だとやはり描きにくかったようで、やむなく殺してしまうこともありました。虫たちの死骸はその辺に捨てることなく、小箱に入れて「これはわが友」と語っていたそうで、虫好き大名は優しいです。いつか虫たちを供養したいと思っていましたが叶わないままに亡くなってしまい、意思を継いだ友人たちが「虫塚」を建てたそうです。その後、虫塚は上野寛永寺に移されて、今も存在しています。

「一寸の虫にも五分の魂」の信念で虫に愛情を持っていた雪斎ですが、人間にも優しかったようです。石好きでもあった雪斎は同じく本草学をたしなみ、奇石や貝類のコレクションで知られる木村蒹葭堂《けんかどう》（▼86ページ）とは特に仲がよく、身分差を超えた友情を育んでいました。寛政の改革の影響で、蒹葭堂の家業である酒造業が零落《れいらく》した時は、なんと領地に家を用意して住まわせてあげたそうです。持つべきものは大名の友だち。蒹葭堂だけでなく、絵師の春木南湖《はるきなんこ》を長崎に遊学させるなど、パトロンとしても江戸時代の文化振興に寄与していました。まさにノブレス・オブリージュを体現しています。

虫オタクの大名が小箱に虫の死骸を収めている姿を想像すると、ちょっとゾクゾクしますが、家臣としてはその姿を受け入れ、同じく虫に興味を示すことで気に入られ、

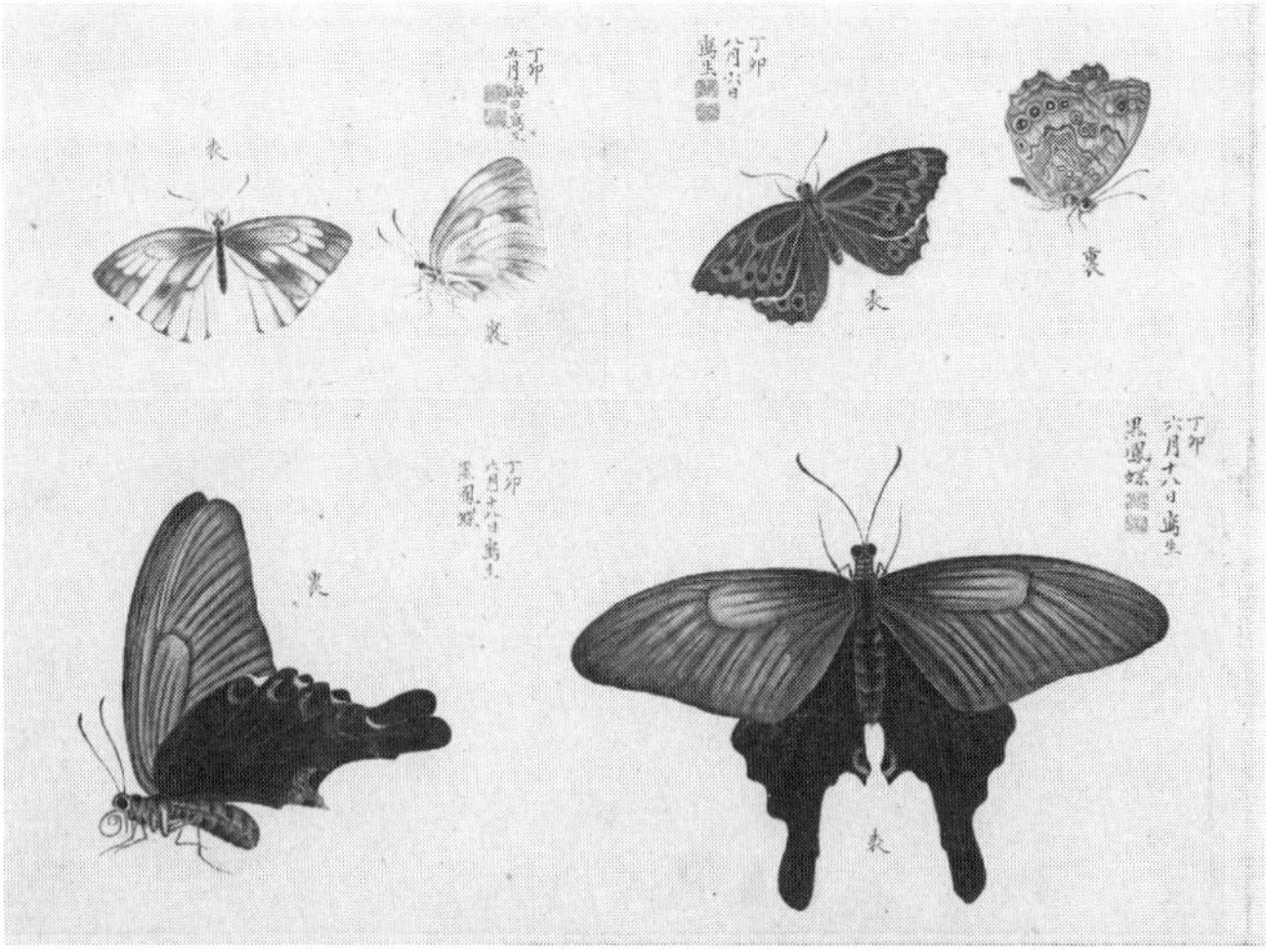

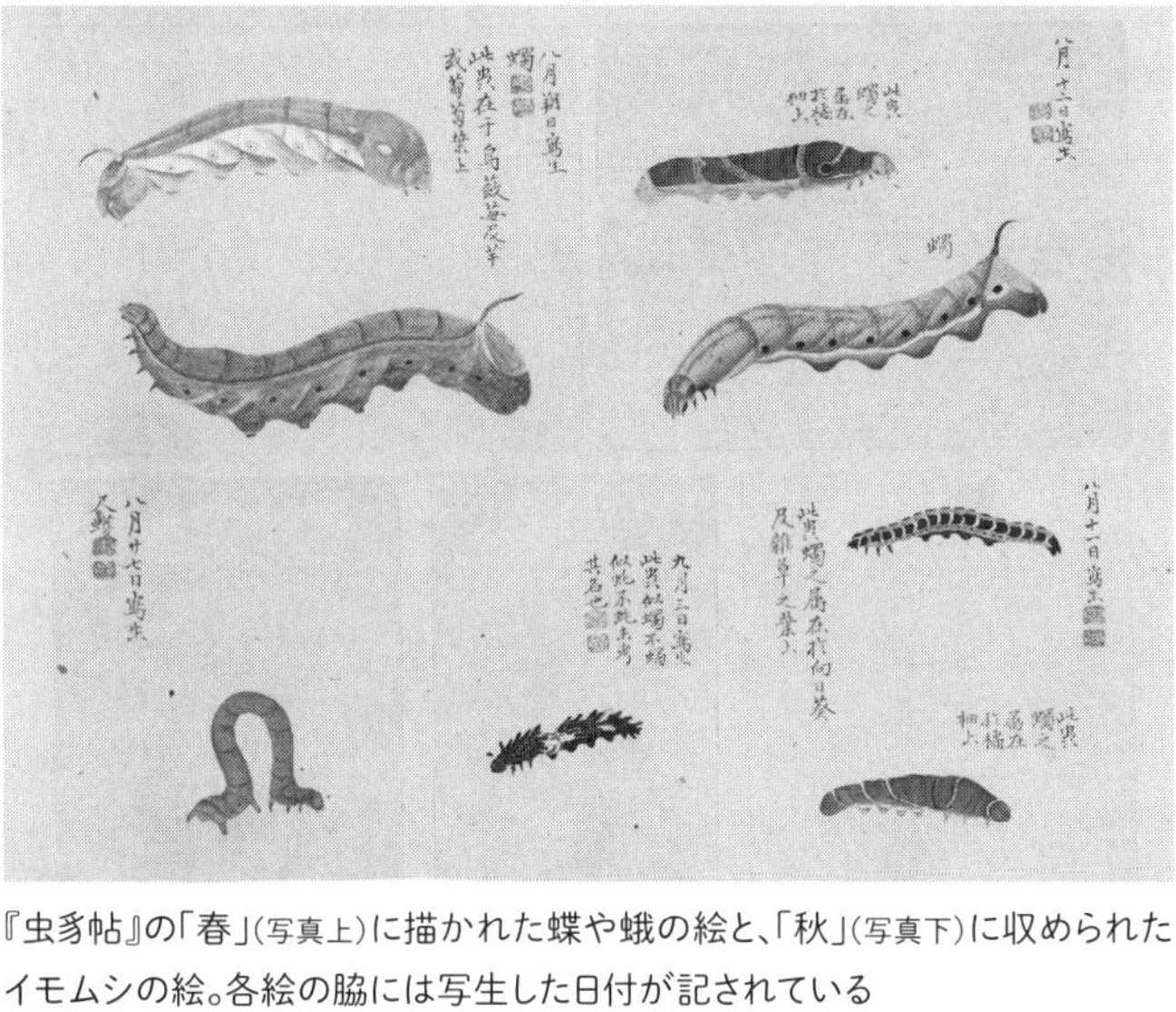

『虫豸帖』の「春」(写真上)に描かれた蝶や蛾の絵と、「秋」(写真下)に収められたイモムシの絵。各絵の脇には写生した日付が記されている

虫豸帖　東京国立博物館蔵　出典:ColBase（https://colbase.nich.go.jp）

厚遇されるチャンスが……？　趣味人の大名は、オタク仲間に対し親切にしてくれそうです。

ところで現代、日本人の虫の好き嫌いに関する意識調査で、「嫌い」「どちらかというと嫌い」という回答を合わせるとなんと77・5％にもなったというデータがあります。江戸時代のご先祖たちにはあんなに愛されていた虫たちが、今はすっかり嫌われ者に……。大名が描いた美しくて上品なやんごとなき虫たちの絵を眺めることで、少しずつ虫への苦手意識をなくしていくのがいいかもしれません。虫好きが増えたら、殺伐としがちな世の中の空気も和らいで、少しは生きやすくなりそうです。

3章

江戸時代後期

天明元年（1781）～ 慶応4年（1868）

この頃は出版の盛行、藩校・私塾が次々と開かれるなど教育が発展。海の向こうに新時代の気配を感じる、まさに激動の世でもあった。享楽的な空気のなか、身分の違いにかかわらず各々が“○○愛”を貫いた時代。

16 麻酔オタク

～家族で掴んだ医療の進歩～

華《はな》岡《おか》青《せい》洲《しゅう》

華岡青洲の医療の功績をたたえ、紀州藩が士族に取り立て、帯刀を許可
脳が大きそうです
青洲考案コロンメス
名医として、日本刀でも手術してくれそうな救済オーラが漂っています

名医という称号を上回るのは、神に近い存在とされる「医聖」だそうですが、日本の数少ない医聖の一人が華岡青洲《はなおかせいしゅう》。文化元年（1804）、記録に残る限りでは世界で初めて全身麻酔下での乳がんの手術に成功し、世界中の医学界にその名を轟かせました。

麻酔薬を開発するまでの紆余曲折を有吉佐和子氏が小説にしてヒット。名作『華岡青洲の妻』（新潮社　1966年）は、増村保造監督が映画化もしています。どこまで史実に基づいているのか不明ですが、小説では、青洲の母、於継《おつぎ》と妻の加恵が、競い合うように麻酔薬の人体実験に申し出たという熾烈な嫁姑の争いも描かれています。

そもそも自分の母と妻に未だ開発中の麻酔薬を実験するとは、普通の感覚ではありません。まるで麻酔オタクのように麻酔の調合や実験に没頭していた華岡青洲。これは『華岡青洲の妻』内の描写ですが、生まれた時から特別な存在だと予感させるものがあったそうです。宝暦一〇年（1760）、於継が雲平《うんぺい》（青洲の幼名）を産んだ日、晴れていた空が急に雨雲で覆われ、雷鳴が轟きます。そんななか、やはり医師であった父

略歴

1760～1835。紀州平山の人。麻酔薬の研究に尽力し、世界で初めて全身麻酔下での手術に成功する。日本麻酔科学会はこの手術が行われた10月13日を「麻酔の日」と定めた。

の華岡直道が雲平を取り上げると大きな産声とともに雷鳴が止み、空が晴れ渡りました。直道は青空を悠々と流れる雲を見て「雲平」と名付けたそうです。まさに、病に苦しむ人に、希望という晴れ間を感じさせる存在に成長。

華岡青洲文献保存会のWebサイトには『華岡先生略傳』などに記された、少年時代のエピソードが公開されていました。仲間と遊蕩《ゆうとう》にふけることもなく、芝居小屋で大人気の演目がかかっても見向きもしないほど禁欲的な性格だったそうです。道路で三〇両（現在の価値で約五〇〇〇万円ほど）拾った時は、落とし主が戻ってくるまで待っていたという正直な一面も。父親は、息子が陰徳を積んだと喜んだと言い伝えられています。もはや陰キャではなく、陰徳キャラです。

二十代前半の青洲は、家族全員の期待を背負って京都で医学の勉強に勤しみます。ひとすくいの米と数杯の飲み物のみで三日間、じっと座って勉強していたとか。服装にもかまわなかったそうです。

青洲が遠方で学業に没頭している間に、紀州の実家に加恵が嫁入りします。二人は結婚するまで一度も会ったことがありませんでした。青洲の妹たち、於勝《おかつ》と小陸《こりく》ははじめで働き者で、家計を助けていました。名家出身の箱入り娘だった加恵もそこに加

チョウセンアサガオ（左：花、右：実）　提供：土橋豊

わり、機織《はたお》りや薬草の栽培で青洲をサポートします。

華岡家の薬草畑には、チョウセンアサガオ（別名曼陀羅《まんだら》華《げ》）や草烏頭《くさうず》（別名トリカブト）など、毒性の強い植物が生えていました。小説では、於継が、曼陀羅華は笑いが止まらず狂い死にするとか、葉を乾かして煙草《たばこ》に混ぜると喘息《ぜんそく》に効く、などと説明する場面があります。それらの薬草が、麻酔の人体実験に使われることになるとは……。近年ではトリカブトを使った保険金殺人が思い出されます。

青洲は三世紀に存在した中国後漢末期の伝説の医師・華佗《かだ》を尊敬していました。華佗も麻沸散という麻酔薬を考案し、手術を行ったと言い伝えられています。『三国志』に出てくる関羽《かんう》を手術したという伝説も残る偉人です。華佗のように患者を眠らせ、痛みを感じさせず手術ができれば……というのが青洲の願いでした。京都で学んだ技術や、手に入れた貴重な医療器具を使って、世のため人のために貢献しようという思いにあふれていました。そんな崇高な思いに、母や妻も感化されたのでしょう。

しかし、人体実験の前に、まずは動物実験が。多数の野良犬や野良猫を集めてきて、麻酔が効くか実験していたそうです。小説では、犬や猫が幽鬼《ゆうき》のように歩き回ったり、何日も眠りこけたりした挙げ句、次々命を落とす様が描かれています。医学の発展のために犠牲になった尊い命。ねんごろに供養されていることを祈ります。

まずは軽めの麻酔薬を調合し、母・於継で人体実験が行われます。少し暴れたくらいで半日も経つと目覚めました。薬の成分は、曼陀羅華を少量、毒消しに蜘蛛を入れた、と小説には書かれています。ほぼ黒魔術のようです。しかし若い加恵には、さらに毒性の強い草烏頭を調合。加恵は士族の娘らしく、祖母に教わったという、武士が自害する時の紐の縛り方で自らの体を拘束。薬が効いて悶《もだ》えても着衣が乱れないようにします。薬を飲んだら、全身の血が逆流するような感覚に襲われました。半日、熱と狂気にうなされたあとは三日間眠り続けた加恵。青洲は、つきっきりで妻を見守り、つねったりして麻酔の効きを確かめます。

こうして、母や妻の自己犠牲精神で麻酔薬の研究は進み、ついに「通仙散《つうせんさん》」が完成。

華岡青洲が考案したコロン・メス（写真上）と診療所・医学校、そして自らの住居を兼ねた春林軒（写真下）。主屋と蔵は青洲が活躍した当時のもの

提供：紀の川市教育委員会

しかし実験で強い薬を服用した加恵は副作用で失明してしまいます。青洲自身も、自分の体を実験台にしていたら、脚が痺《しび》れる症状に悩まされるように。それでも全身麻酔薬の精度を高めるために努力を惜しみませんでした。

ついに文化元年（1804）、悲願の通仙散を試す時がやってきました。乳がんの症状に悩む藍屋利兵衛の母・勘（六〇歳）が、手術を受けることに。前述のWebサイトで公開されていた『乳巖治験録《にゅうがんちけんろく》』という書物に、手術の詳細が記されています。

「先生、本当に治療を試してみようとの志があれば、どうぞ私でもって試してください」と、覚悟の上に申し出る勘。女性たちの勇気ある行動で、日本初の全身麻酔薬は日の目を見たのです。

麻酔薬を飲ませてしばらくすると患者は意識を失ったので、青洲は患部を切開し、大胆にも手を入れて塊を引きはがし、消毒して縫い合わせます。その間、患者は眠ったままでした。しばらくして意識を取り戻した勘は、しこりがなくなっていることに気づき、喜びます。「塊はどこに行ったのでしょう。腫れは既に消えました。ああなんと愉快なこと。治療していることがわからず、痛みも感じませんでした」。

前代未聞の手術を受けた女性が「愉快なこと」と感想を言うほどテンションが高ま

っています。麻酔の劇薬には、別の効果もありそうな……。勘は術後、元気に帰っていったそうです。以来、数多くの手術をこなした華岡青洲ですが、当時としてはかなり成功率が高かったのは、実は麻酔を試すことができるのが嬉しくて、ポジティブな気持ちで手術していたからかもしれません。

17 まじない歌オタク

～霊験あらたか言霊パワー～

糟《かす》谷《や》磯《いそ》丸《まる》

磯丸様の肖像画からは人々の悩みを歌で解決してあげたい、という使命感が漂っています
歌の癒しは肉体的な負担も一切ないのが魅力です
八重歯が悩みなんです……

霊験あらたかな「まじない歌」の存在を知ったのは、日本文化デザインフォーラム主催の歌人・笹公人さんの短歌ラボでした。自らも言《こと》霊《だま》のパワーを操っている笹さんがおすすめする歌人・糟谷磯丸《かすやいそまる》のことが気になって『磯丸様のまじない歌』（糟谷磯丸顕彰会　シンプリブックス　2022年）という本を取り寄せました。この本には、現代でも使えそうな、厄除けから家内安全、健康祈願まであらゆるジャンルの「まじない歌」が多数収録されていて、当時は心のサプリメントのような存在だったのかもしれません。

糟谷磯丸は宝暦一四年（1764）、渥美《あつみ》半島の先端の伊良湖《いらご》村（現在の愛知県田原市伊良湖町）で生まれました。漁業が中心の村で、実家も漁師の仕事をしていたのですが、ある時母が病気になり、親孝行の磯丸は近くの伊良湖明神に三年間、毎日お参りします。すると、その真剣な思いが神に伝わったのか、母の病気が全快。

お参りしている時に、旅人が歌を口ずさんでいるのに興味をひかれた磯丸は、文字が書けないながらも歌を詠《よ》むようになります。縁あって武家で和歌や文字の指導を受

略歴

1764～1848。独学で和歌を詠みはじめ、なかでも人びとの願いを歌にしたまじない歌が有名。死後、磯丸を慕う人びとによって「磯丸霊神」という名前が贈られた。

けた磯丸は、旅をしながら漁夫歌人として才能を発揮します。江戸の歌人の目に止まったり、引き立てられたりといった運を持っていました。巷では磯丸が詠む歌には不思議なパワーがあると評判になり、磯丸様と呼ばれて多くの人に慕われたそうです。

生涯、数万首の歌を残した磯丸ですが、なかでも個性が発揮されたのは「まじない歌」。それはまじない歌オタクと言ってもいいくらい、磯丸にとってライフワークでした。当時、異常気象や災害、飢饉、疫病が頻発していたそうで、令和の現代にも通じるハードな時代だったようです。人びとに乞わ

糟谷磯丸の故郷である伊良湖は風光明媚な地。現在も数々の歌碑が残る

提供：岡田義広

れるままに磯丸が書いたまじない歌には、江戸時代の庶民のリアルな生活を垣間みることができます。教訓や戒めのような内容の歌もありましたが、上から目線ではなく、人びとに寄り添い、ユーモアを交えた表現で、人徳が感じられます。

磯丸様は実際にどんな歌を詠んでいたのでしょう。まじない歌は害獣や害虫に関するものも多かったようです。例えば、「鼠除」の歌は「いかてかく　ねすみおきすみ夜もすから　人の住家の　ものあらすらん（ねずみさん、あなたはなぜこのように、寝ても起きても他人の家を荒らすのですか……）」といった調子でねずみを説得しています。

「蟹よけ」の歌は「人の住　家にはよるな　穴を出て　穴にいるこそ　蟹の道なれ」と、蟹の身の丈に合った生活を勧めています。江戸時代は民家にも沢ガニなどが出没しがちだったのでしょうか。

「ありよけの歌」も、人の家ではなく、穴がふさわしい住処《すみか》だと教え諭《さと》していました。「油虫（ゴキブリ）よけの歌」は、「とぼし火の　ためにもならむ　油むし　出るはむやく　消もうせなん（油虫と名のりながら、油も出さずともし火にも使えないんだから、何の役にも立たず。これじゃあ油虫なんて、消えていなくなった方がいいんだよ）」と、わりと厳しめの内容でした。ゴキブリは江戸時代も嫌われていたようです。

それにしてもこのような歌が自然と出てくる磯丸様はすごいです。親孝行ぶりや素直な人柄が神仏に愛されて、特別な能力を授かったのでしょうか。旅で不在にしていた時、村に大火事が発生したのですが、磯丸の家だけが焼け残る、といった奇跡的な現象もあったそうです。天竜川の氾濫を歌で鎮めたことも。この奇跡の力、磯丸の仕事が漁夫ということもあり、漁師と関係が深い聖職者、キリストを連想させられます。

まじない歌は、健康関係も充実しています。昔も今も切実な「髪はえる歌」は、「ねがわくは　猶生茂れ《なおおいしげ》　名にしおふ　くろ髪山の　色まさるまで」と、黒髪山の名にふさわしい、ふさふさとした真っ黒な髪の毛を願う歌です。

「水虫除け」の歌は「人の身に　かかるはおろか　名にしおふ　水むしならは　水にすまなん（水虫という名を持っているのなら、その名の通り水に住んで）」と、水虫に言い聞かせています。

健康関係では、舌の痛みを取る、寝言を止める、虫歯が治る、あせもができないようになる、八重歯が抜ける、咳の病が治る、もの覚えをよくする、といった、人びとの細かいニーズに合わせた歌の数々が。でも、病に関しては「病治る歌」が全ての基本かもしれません。「すませたた　心し清く　すみぬれは　病は水の　淡と消まし

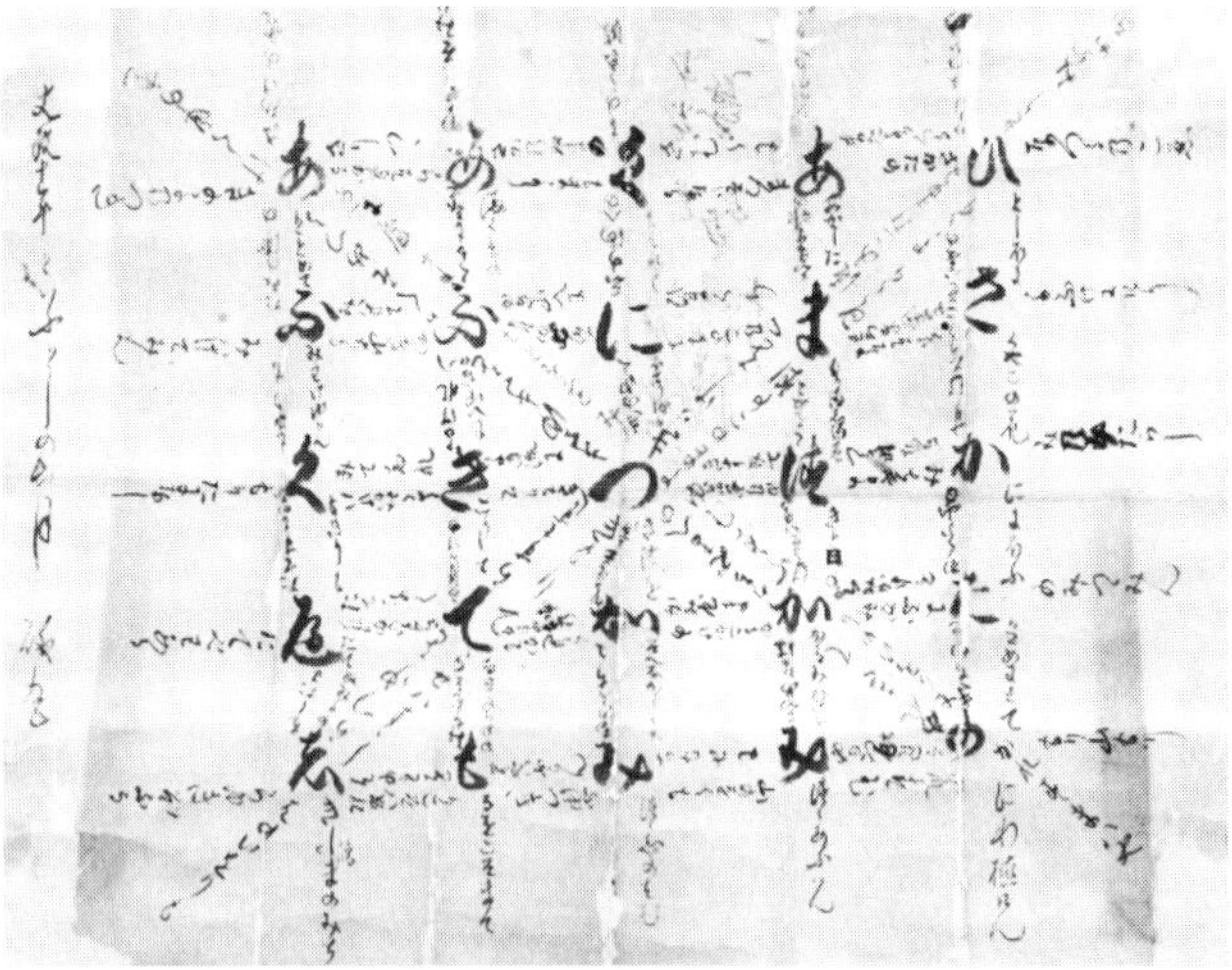

糟谷磯丸筆　八重だすき歌　個人蔵　提供:岡田義広

(病気を早く治そうと思ったら、まず自分の心を澄ますことです。心が清く澄んでいれば、病は水の泡のようなもので、すぐ消えて行くのですよ)」という、核心を突いた歌です。

まじない歌は、ほかにも「船中安全」「あきない繁盛」「家内安全」「安産歌」「水難除」「盗難除」「恋愛成就」「柿のあまくなる歌」「屋敷を求める」「養子できる歌」「大漁満足」など、思いつく限りのジャンルで詠まれています。基本的に自分の願いではなく、人の願いを叶えているのが尊いです。磯丸が八五歳で天寿を全うすると、彼をリスペクトする人びとによって「磯丸霊神」として祀《まつ》られたそうです。

磯丸の歌からは、神仏や生き物などに懇願したり駆け引きしたり、といった巧みな話術も学ぶことができます。天性の交渉術と言霊の力で、江戸の庶民のあらゆる悩みを解決に導きました。もしかしたらまじない歌の霊力は現代でも続いているのでしょうか。

個人的に、加齢によるかすみ目に悩んでいたので、藁をもつかむ思いで「生目《いきめ》の神に祈奉て」という歌を書き写してみました。「ねかはくは　かすむ我目も　安らかに　生目の神よ　守りたまはれ」と、目の病に霊験あらたかな生目神社の神様にお祈りする歌です。歌を紙に書いてから、気のせいか

愛知県田原市江比間町の住吉神社内、すめばてる歌碑。「こころ八十翁　磯丸　すめハてる　にこれはくもる　世の中の　人の心は　水の月かけ」という歌が刻まれている

提供：岡田義広

目の疲れが軽減し、ラクになっていることに気づきました。

現代人はすぐ薬やサプリメントに頼りがちですが、言霊の力は想像しているよりも大きいのかもしれません。信じて心を込めて書き写せば霊験が発動。お金もかからないのでありがたいです。令和の世もハードな時代ですが、まじない歌のような言霊のパワーがあれば、生き抜けそうです。

18 越後オタク

～おらが町が日本一～

鈴《すず》木《き》牧《ぼく》之《し》

越後のお正月の時期の描写を見ると、当時の人がやたら薄着で驚きます
雪
ダウンもヒートテックもない時代、雪国の人は鍛えられているのでしょうか……
雪の中を移動する次女も楽しそうです

数年前、魚沼《うおぬま》を訪れた時に勧められたのが、鈴《すず》木牧之《きぼくし》の本でした。越後魚沼の雪国の生活について書かれた『北越雪譜《ほくえつせっぷ》』は、当時のベストセラーになったそうで、令和の今もいくつかの出版社から発行されています。翻訳され、海外でも出版。地元に愛されるだけでなく世界にも作品が広まるという、文化人として理想的な人生です。

鈴木牧之は現在の新潟県南魚沼《みなみうおぬま》市塩沢で明和七年（1770）に生まれ、縮《ちぢみ》仲買商や質屋を営みながら俳句や絵をたしなんでいました。商人として手堅い手腕を見せながらも、文学への興味を持ち続け、二十代の後半に『北越雪譜』の構想を思い付きます。文人や歌人とも交流を持ち、時には取材旅行をしながら執筆を続けました。

一方、私生活では波乱続きで、妻と離縁したり死別したり、家出されたりで生涯六人の妻を持ったそうです。じっくり長い時間をかけて『北越雪譜』を執筆していたのと対照的なプライベートです。鈴木牧之は地元、越後を愛するあまり、周りの人のことはおろそかになってしまったのでしょうか。『北越雪譜』は、越後オタクともいう

略歴

1770～1842。縮商人の傍ら、ライフワークとして地元越後の暮らしを伝える『北越雪譜』を執筆。当時多くの江戸町民は、この一冊を通して雪国の過酷さを知ったという。

べき、地元への愛が詰まった本です。

内容は、雪国なのでやはり雪についての記述が多めです。雪に対する備え、家の補強や雪中歩行用具など、雪国での生活術が主な内容です。雪中歩行のはきものは、「藁沓《わらぐつ》」「深沓《ふかぐつ》」「カジキ」「スガリ」など豪雪地帯で暮らすためのものが紹介されています。作り方についての説明も載っていて便利です。江戸時代にはもちろんホームセンターもないので、現地の人びとは基本自作していたようです。

当時、塩沢周辺は九月末に雪が降りはじめ、五月になってようやく雪が消えるという、一年の半分以上が雪に覆われた暮らしだったそうです。でも、大変なことばかりではなく、「雪がふりやんで晴れた日、明かり窓から一筋の光が差し込む時の喜びは、ここに住んだものしかわからない」と綴られています。「雪を見ないで越後の雪を書く人たちがいるが、雪国の私たちからすると笑ってしまうところもある」と、雪国マウントも。

雪のエピソードではないですが「美人」という項目には「私の考えだが、越後には美人が多いと言うがその通りだと思う」とさらっと越後自慢が書かれていました。水が清いから美しい女性が多いというのが鈴木牧之の説。雪がレフ板代わりになって、

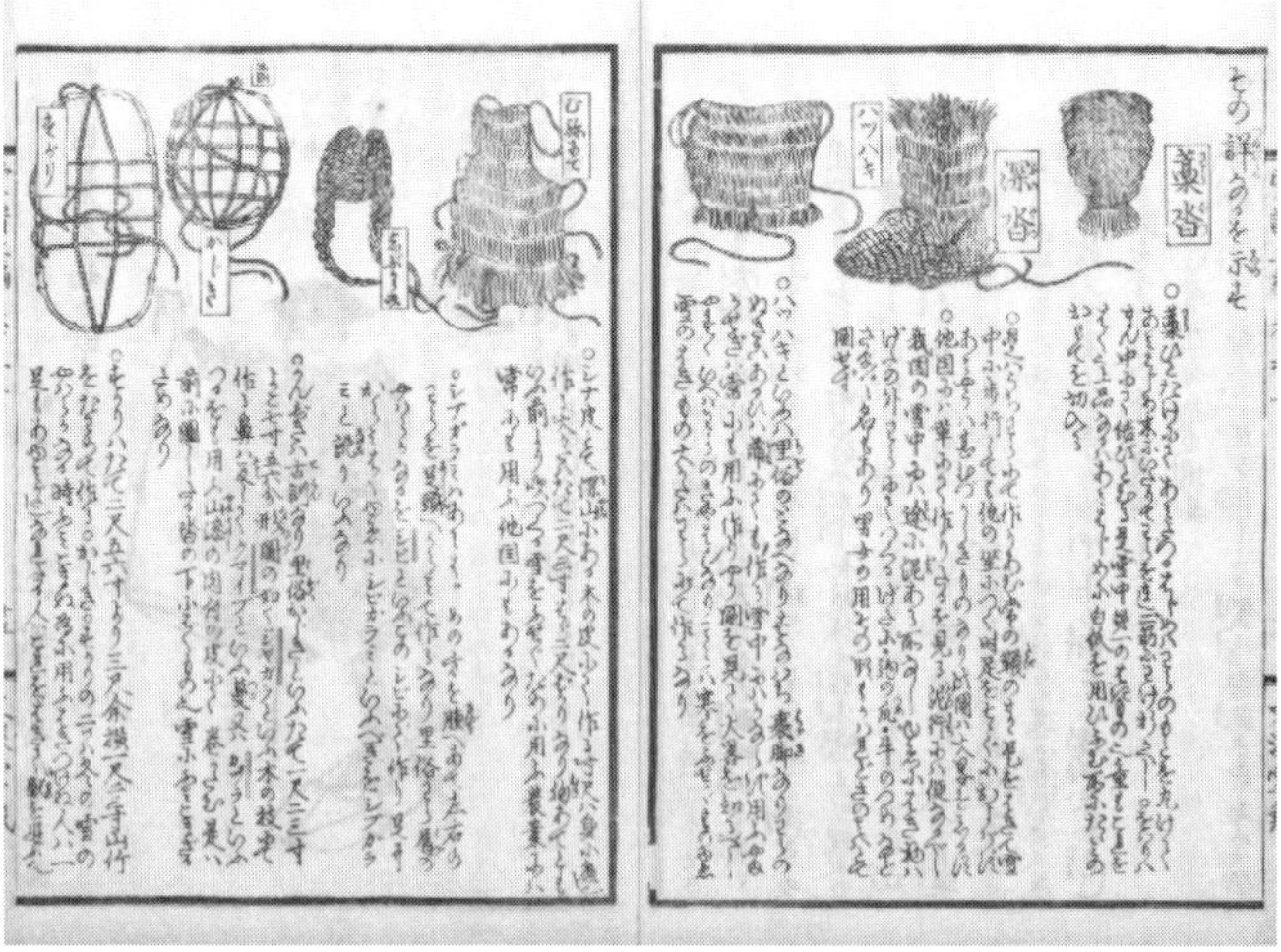

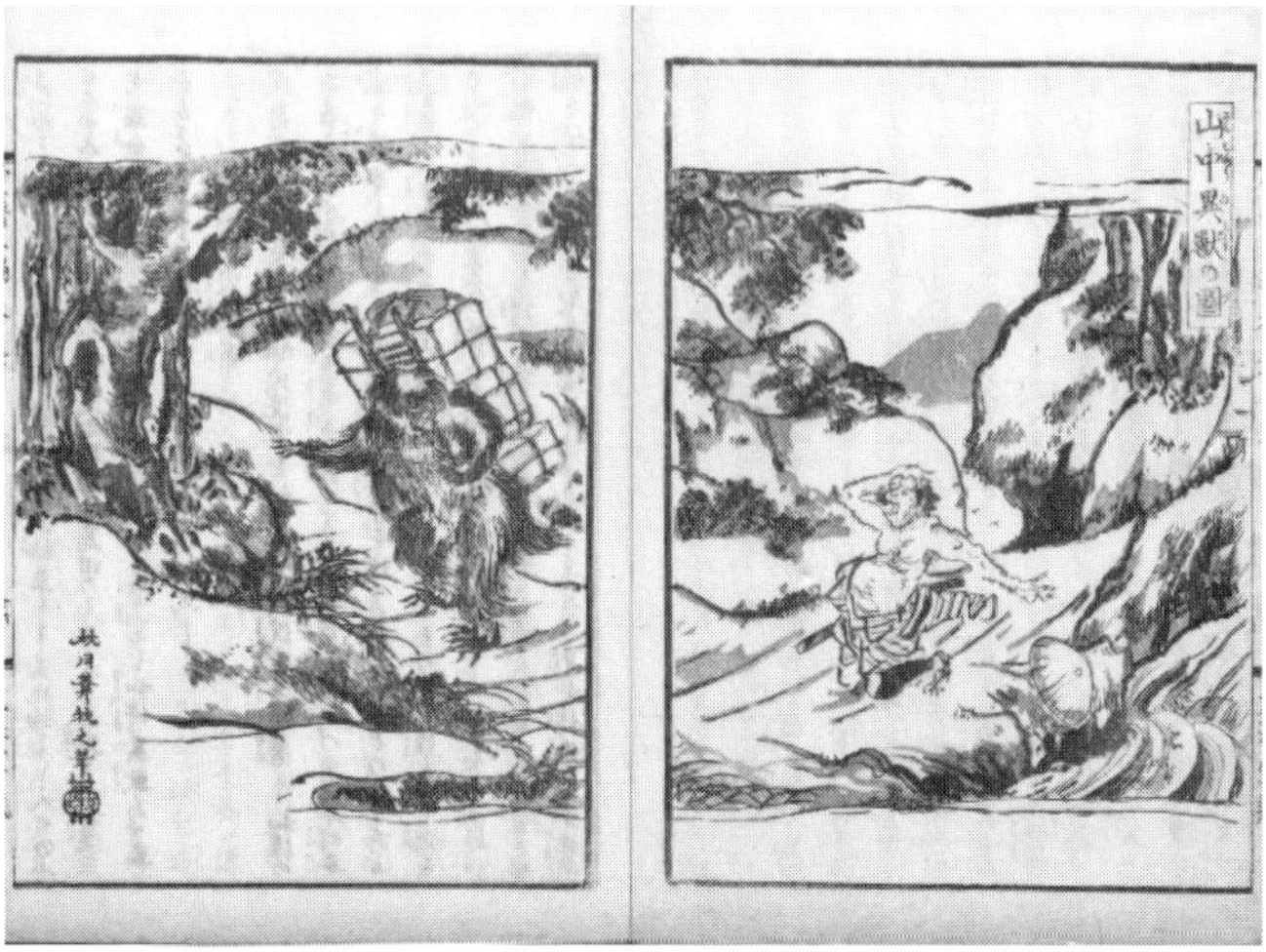

写真上は『北越雪譜』の防寒具について紹介した頁。雪国ではこれら道具が生命線であった。また写真下は雪道で毛深い雪男と遭遇した場面を描く

北越雪譜　信州大学附属図書館蔵

美白効果がありそうです。

　雪の季節をポジティブに過ごすための風習についても書かれていて興味深いです。例えば、雪玉を丸めて地面に置いて、それに自分の雪玉をぶつけて壊れた方が負け、という「玉栗」と名付けられた遊びでエキサイトしていたとか。ソリは春、雪が凍る時に使い、ソリを引く時は必ず「ソリ唄」を歌ったという記述もあります。

　不思議な伝承も収録されています。背中までの長い髪の毛が特徴的な、大きな体の雪男の目撃談もありました。その「異獣」に焼き飯を与えると、重い荷物を持ってくれたとか。はたまた、雪の中の洞窟で遭難しかけた男性を熊が暖めてくれて、肉球についた蜜をなめさせ、命を助けたという心温まるエピソードもありました。

　当時は、自然界と人間界は密接に通い合っていたのが伝わります。念仏を唱えながらお経を書いていたお坊さんが氷柱《つらら》を叩き落としたために、雪崩《なだれ》に遭ったけれど、お経の功徳で助かったといういい話もありました。自然に畏敬の念を抱きながら、信心深く、実直に生きることの大切さを教えられます。

　そして越後の重要な食といえば鮭です。『北越雪譜』は鮭についての項も多いです。越後の鮭は初秋に北の海を出て、千曲川《ちくまがわ》と阿賀野川《あがのがわ》をのぼり、産卵するそうです。オスが水中の砂を掘ると、メスはそこに卵を産み、砂をかけて温めます。「私には人工的に増やすことができる案がある。それが実現したら、越後の国の益になるであろう」と、江戸時代に鮭の養殖について構想する鈴木牧之はかなりの慧眼の持ち主です。「鮭漁」の種類や方法についても丁寧に説明していて、この本があれば雪国で生きていけそうな気がしてきます。

こんな役に立っておもしろい本ですが、出版に至るまではかなりの紆余曲折がありました。寛政六年（1794）にアイデアを思い付き、天保八年（1837）にやっと『北越雪譜』を出版しました。なんと四三年ごしの出版計画……。まず、寛政一〇年（1798）に有名な戯作者である山東京伝《さんとうきょうでん》に本の構想を送って相談したところ、印刷に大金がかかると言われて一旦あきらめます。

作家の滝沢馬琴《たきざわばきん》に改めて依頼したものの、兄弟子・京伝の手前引き受けられないと断られます。江戸時代の出版業界は仁義を大事にしていたようです。続いて文化四年（1807）、画家の岡田玉山《おかだぎょくざん》に依頼。引き受けてもらったものの、玉山が亡くなってしまいます。続いて五年後、同じく画家の鈴木芙蓉《すずきふよう》に依頼。しかし芙蓉も亡くなってしまい話が流れてしまいます。ここまで関係者が連続して亡くなるとは……。

それでもあきらめない鈴木牧之。また五年経ち、改めて滝沢馬琴に依頼。彼はまだ元気に生きていてよかったです。ただし、依頼を引き受けてもらえたものの、一向に進めている気配がありません。編集者ではない素人が遠方から出版を催促するのは難しそうです。一二年も気長に待ったところで、文政一二年（１８２９）、鈴木牧之から正式に滝沢馬琴に断りを入れ、京伝の弟、山東京山《さんとうきょうざん》と一緒に本を作ることに。最初から彼に持ちかけていれば……。

そしてついに悲願が達成、鈴木牧之六八歳の時にようやく『北越雪譜』が完成します。まさにライフワーク、雪国の人は辛抱強いです。気が遠くなるほど長い時間をかけて作っただけあって、長く愛されるベストセラーになりました。鈴木牧之の地元愛が、素晴らしいシリーズをこの世に生み出す原動力になりました。

鈴木牧之像　鈴木牧之記念館蔵

最初は四五〇部刷ったそうですが、当時の出版物としてはかなり多い部数だそうです。貸本屋でも流通しました。鈴木牧之は本の出版のために五両ほど持ち出し、五〇部買い取り。今のお金だと五両は約一〇〇万円でしょうか。本業が作家ではなく、商人として生計が成り立っていたからこそ、最後まであきらめず、出版を実現できたのかもしれません。時代を先取りしていたハイブリッドな存在、鈴木牧之。出版と越後への強い思いは雪をも溶かすほどで、後世の私たちにも勇気を与えてくれます。

参考：『江戸のベストセラー北越雪譜』 鈴木牧之記念館編
『校註 北越雪譜』 鈴木牧之著／宮栄二監修 野島出版 2019年

19 ゴシップオタク

～鋭敏女性コラムニスト～
井《い》関《せき》隆《たか》子《こ》

江戸時代、好きな菓子を食べて厄除けを願う「嘉定食（かじょうぐい）という風習があったそうで……
口をきかず笑わないで食べる、というルール

隆子は冷静なコメント
現代、急に広まった「恵方巻き」の風習のよう……
皆がやっているからといって従う必要はない、と気付かされます

今から二〇〇年前に、日記を書いていた文化人女性が存在していたことはあまり知られていません。

江戸時代について調べるなかで、初めて知った井《い》関隆子《せきたかこ》の名前。九段坂下に約三五〇坪の屋敷がある旗本夫人、というだけでもセレブなイメージです。本人も旗本の家に生まれ、子どもの頃から古典に親しみ、大人になってからは歌人や作家としても活躍したそうで、当時としてはかなり時代の先を行っていました。

プライベートでは、二十代で旗本家に嫁ぎ、離婚。三十代でまた別の旗本である井関家に嫁ぎます。二番目の夫は早くに亡くなりますが、前妻の息子が出世し、井関家は経済的にも安泰でした。生まれながらの冷静な批評精神を発揮し、五六歳から六〇歳の間に日記を執筆。雅文と呼ばれる近代的な文体だったそうです。後年、『井関隆子日記』や『旗本夫人が見た江戸のたそがれ』などの本が出版され、その内容が紹介されています。

日記の序文には隆子が書く動機も記されていました。「つれづれなるもののすさびには、はかなき事も記しつつ、心を遣《や》るよりほかの慰めむなき」とのことで、『旗本

略歴

1785〜1844。江戸・九段坂下に屋敷を構えた旗本の夫人である。自宅蔵書を熟読し、独学で古典文学への理解を深めた。

夫人が見た江戸のたそがれ』（以下、日記の記述を引用）によると、「これといってやることもない老いた身の私としては、とりとめもないことでも書き記し、それを気晴らしにするしか慰めはない」という意味のようです。有名な一文を思い起こさせる書き出し。読書家でもあったので『徒然草』の「つれづれなるままに、日暮らし硯に向かひて……」へのオマージュだったのかもしれません。

文化人の知性、旗本夫人としての気品を保ちながら、酒好きで煙草もたしなんでいた隆子。江戸っ子気質の元祖サバサバ系女子だったのでしょうか。義母や孫と時々酒を酌《く》み交《か》わして、噂話などに花を咲かせることがあったそうです。

日記にも、そんな噂話好きや好奇心旺盛なところが垣間みられます。彼女をオタクで分類するとしたら、ゴシップオタクになるのでしょうか。日記は花火やお祭り、月見など風流な話題も多いですが、時々かなりディープな話題が出てきます。

例えば、浅草寺近くに並ぶ見世物小屋の芸について。当時「眼力太夫」という少年がいて、なんと彼の眼の玉は出し入れ自由だったそうです。さらにその飛び出した眼の玉に縄をかけて、子どもや水の入った桶などを吊るす芸を見せていたとか。江戸時代の見世物芸はきわどいです。隆子も、子ども時代は「舌長姫」という長い舌の先に物をかける芸は見たことがあるそうですが、眼の玉の芸はさすがにあやしい、と冷静に綴っていました。

そして興味深いのは「永代寺の陰間《かげま》」の話題。江戸時代には「陰間」と呼ばれる美少年による男性相手の売色がありました。

「西の大殿（徳川家斉）が若い頃は、この戯れを好んでいたと聞いているが……」と、徳川家斉の噂をさらっと書いている隆子。将軍に仕える旗本夫人なのに遠慮がありません。

深川の永代寺の陰間についても綴っているのですが、結構辛辣です。お寺でもてなしを受けていたら、富岡八幡の別当（宮司の長官）お気に入りの、一六歳前後の陰間男子が呼ばれてきたそうです。「色白で悪げはないが、鼻筋がのびやかで、やや太り気味で、余り良い部類ではなかった」。かなりぽっちゃりしている別当に、小太り男子が乙女のように甘えてしなだれかかる姿が「卑しげで片腹痛かった」と隆子。批判精神旺盛な彼女が「良い部類ではなかった」「片腹痛かった」と斬り捨てる様は、さすが武士の家系です。さらに、その陰間男子が年を取ったら「大変見にくくなったらしい」とトドメを刺していました。

　隆子は中央の内情に詳しく、男色の噂がある殿様についても匂わせています。清水徳川家の徳川重好《しげよし》は、正妻に伏見宮貞建《さだたけ》親王の娘、貞子女王を迎えました。姫は大変な美人でしたが、重好は女性に興味を示さなかったそうです。また、徳川斉朝《なりとも》も女性に興味を示さなかったようで、周囲は美女をはべらせたり、経験値が高い女房をそばに置かせたけれど逆効果でした。しなだれかかってきた女房に対してブチ切れ、殴る蹴るの暴行を加えたほどだったとか。本当は男子が好きなのに世継ぎを作らなければならないプレッシャーも大変そうですが……。隆子はせっかく嫁いだのにおろそかにされる正妻に同情的でした。

　江戸といえば、心中事件も頻発していたようです。元禄時代に近松門左衛門作「曾根崎心中」が上演されるやいなや、心中がさかんになったとか。日本人は今も昔も影響されやすい民族です。

　隆子が触れたのは、ある旗本の家で起こった悲劇。一人の娘が、密かに旗本である春日家の息子、左門に思いを寄せます。ある時、春日家から縁談の話があり、娘は左門が相手かと思い快諾しますが、結婚式でやっと相手の顔を見ると、左門とは似ても似つかぬ左門の兄でした。ショックを受けた彼女は、同じ家に嫁いだこともあって、人目を忍んで左門と肉体関係を持ってしまいます。これを知った姑には罵《ののし》られ、哀しむ彼女に、心中を持ちかけた左門。ついに二人は刀を用いて心中を決行しますが、女性だけが死に、左門は軽傷で助かってしまったそうです。女性側に思いを寄せながら、丁寧に顚末を綴った隆子。江戸時代の自由にならない男女関係について思うところがあったのでしょう。

ほかにも、「品川心中事件」の顚末についての記述もありました。遊び人の武士が品川の遊女に有り金を注ぎ込んで人生が詰んでしまい、女に心中を打診。海で入水《じゅすい》することになり男が最初に入り、女があとに続くのを待ちますが、彼女は無情にも逃げ去ってしまいます。男は、この恨みを晴らしてからでないと死ねないと、ずぶ濡れになりながらも帰還。ある時、男が、彼が死んだと思っている女の前に現れると「あッ」と叫んで倒れて、女はショック死してしまったそうです。この実話は脚色されて落語化され、現代にも伝わっているとか。同時代を生きた隆子が書くと、伝聞の信憑性が増します。

さらに、男女両方の生殖器をもつハイブリットな「ふたなり」の人の話題も。近所の夫婦の家で手伝いをしていた娘が身ごもってしまい、相手が誰か問いつめたところ

「奥さんははじめ女でしたが、男になって私に言い寄ってきた」と吐露。江戸時代の性はディープです。

また、隆子の実家があった四谷の好色な僧侶が各地に女を作り、役人に捕らえられた話も冷静に綴っていました。子ども時代にその僧侶の本性を見抜いていた節があり、隆子の洞察力に驚かされます。

天保の改革を押し進めた水野忠邦《みずのただくに》を批判したり、「必要以上にもてはやされている」と、当時人気だった日蓮宗を批判したり、隆子は怖いもの知らずです。

隆子の日記から見えるのは、ブームに踊らされやすかったり、同調圧力に流されたり、持ち上げていた対象が何かやらかすと叩き出したり、現代と変わらない日本人のご先祖の姿。隆子がもし現代に生きていたら、同じように辛口の日記を書いていたのでしょうか。人目に触れず炎上などしなかった江戸時代の日記と比べ、現代は「コンプラ」や「ポリコレ」など表現に厳しいので、より注意深く、空気を読んで書かなければならなくて、フラストレーションがたまりそうです。

日記を読むと、教養と品格がありながら、ゴシップも書ける、という隆子のバランス感覚に学ばされます。歌や文章を創作していたので、後世に日記が残るかもしれない、という予感もあったのかもしれません。まじめな内容に終始せず、後世の人へのサービス精神を感じさせる内容で、歴史的資料としても価値があります。
知名度がそこまで高くないのが不思議ですが、世の中を冷静に観察できる絶妙なポジションを保っているのかもしれません。後世においても「知る人ぞ知る」存在でいるのが粋……そんな美学を感じます。

参考：『井関隆子日記』 深沢秋男校註 勉誠社 1980年
『旗本夫人が見た江戸のたそがれ』 深沢秋男著 文藝春秋 2007年

20 雪の結晶オタク

～雪に魅せられたお殿様～
土井《どい》利位《としつら》

土井利位の描いた雪の結晶図が、着物の
柄になって大流行
夏に着ると涼しげ
遊女が着ていると
恋愛にハマり
すぎない冷静さ
を感じさせます
土井家の家紋はどこか
結晶に似ているような……
だからこそ惹かれたのでしょうか……

江戸時代に雪の結晶オタクが……？　しかも幕府の要職を務めたお殿様が、そのような風流な趣味をお持ちだったと知って驚きました。日本で初めて雪の結晶を観察したという、奇特なお方の名前は、土井利位《どいとしつら》。下総古河《しもうさこが》藩主です。

下総国（現在の千葉県〜茨城県）では室町時代に戦が繰り広げられたこともありましたが、江戸時代の後期は土井家が歴代の藩主となり、比較的平穏だったようです。土井利位は二五歳の頃、本家に養子として迎えられ家督《かとく》を継ぎました。大坂城代の任務にあった時は、大塩平八郎《おおしおへいはちろう》の乱を鎮圧。その功績で、順調に出世し老中にまでなり、天保の改革に参与。かなり有能なお殿様だったようです。幕府財政の再建を画策しつつ、農民や旗本の生活の救済にも力を入れていました。今の時代こんな政治家がいてほしいです。

土井利位は、下総古河のお城に滞在している時は雪の結晶観察に熱中していたようです。その長年にわたる研究から、「雪の殿様」と呼ばれるまでに。藩政改革のプレッシャーやストレスから解放される貴重なひと時。雪にはヒーリング効果がありそう

略歴

1789〜1848。現在の愛知県刈谷市に生まれる。土井利厚の養子に迎えられ、のち下総国古河藩主。そのほか大坂城代、京都所司代、江戸城西之丸老中等を歴任した。

です。

土井利位は天保三年（１８３２）に『雪《せっ》華《か》図《ず》説《せつ》』を刊行。雪の結晶を「雪華」と名付けたセンスも素敵です。顕微鏡で雪の結晶を観察し、八六点の図で表現。蘭学者であった家老、鷹《たか》見《み》泉《せん》石《せき》の協力のもと、二〇年かけて観察した結晶をまとめた、入魂の一冊です。その内容は後世の研究者が驚くほど完成度の高いものでした。

例えば、シンプルな六角形が三層になっている結晶や、六角形に細かい水滴が付着した状態の結晶。六枚の花弁のような美しい結晶や、中心から細い枝が六本出ているような形状のもの、マリモのよ

雪華図説　国立国会図書館デジタルコレクションより

うな形から六本の枝が出ているようなタイプや、六本の木が合体しているような形。小花が合体したようなかわいい結晶や、星形のような形状もありました。今の科学では解明されていない不思議な形の結晶もあるそうです。

正方形のマスが整然と並ぶなかに描かれた、緻密《ちみつ》な結晶模様。定規を使ったのか、線はちゃんとまっすぐで、六角形の角度も精度が高いです。一切の妥協がない、細部まで完璧に仕上げた図で、雪の結晶へのリスペクトが感じられます。CGで描くのも大変そうなのに、手でこの結晶図を描いたというのにも驚きます。土井利位はかなり手先が器用かつ几帳面で、描写力にも優れています。前段の文章のページも字が綺麗で、このお殿様の有能ぶりが行間からあふれています。

土井利位が雪の結晶を観察する時には、黒い漆器に乗せて見やすいよう工夫していたそうです。きっと土井家伝来の、由緒ある器に乗せていたのでしょう。プレパラートよりも結晶が美しく開花しそうです。

土井利位は『雪華図説』に続き、九七点の雪の結晶図を収めた『続雪華図説』も刊行。その結晶は「雪華小紋」というテキスタイルパターンとして大流行。現代まで着物の柄を中心に受け継がれています。

たしかに、どの柄も自然が作り出した芸術なので、調和が取れて美しく、崇高で、普遍的な魅力があります。お殿様が描いた雪の結晶だと思うと、そのへんの吉祥模様よりも縁起がよさそうです。もし、雪の結晶図に商標権や著作権があったら、どれだけの巨額の富が……なんて風流とは真逆の下世話な考えを抱いてしまいました。

『雪華図説』の前半には雪の効能も書かれていて興味深いです。当時、雪を溶かして飲んだり、雪の塊をとって患部にこすりつけると、治るといわれた病があったとか。また、犬ぞりや鹿ぞりで重い荷物を運んだり、肉や魚を冷たい雪で冷凍保存できるのも雪の素晴らしい利点だそうです。寒くなると珠《たま》や花の形の美しい結晶になり、雪が積もっている様は白くて清らかです。もし雪が黒かったら、幽暗な景色が広がっていて、気が滅入っていたことだろう、と土井利位は想像していました。雪も溶かしそうなほどの愛がつまった書物です。

現代の人は、理科の教科書などで雪の結晶のことは知っていても、実際に見たことがある人は少ないのではないでしょうか。雪の日は寒さが厳しいので、結晶などに着目している余裕がない……というのが現代人の心の声。人間と自然の距離が開いてしまっているようです。土井利位は、雪の美しさや効能を見出し、自然への畏敬の念を

雪華柄の着物を着る女性。雪の結晶がパターンとして広まった好例

渓斎英泉画　江戸の松名木尽　押上妙見の松　古河歴史博物館蔵

常に抱いていたのでしょう。だからこそ雪の結晶もそれに応えるように、次々と美しい姿を現したのだと思います。雪華図が、雪からのメッセージだと思うと、味わい深いです。

２０１２年の研究によると、雪の結晶は、大きな分類では八種類、中分類では三九種類、小分類では一二一種類になるそうです。土井利位による書物の上下巻ぶんの雪華図を足すと一八三種類。空気や水が綺麗で地球環境もよか

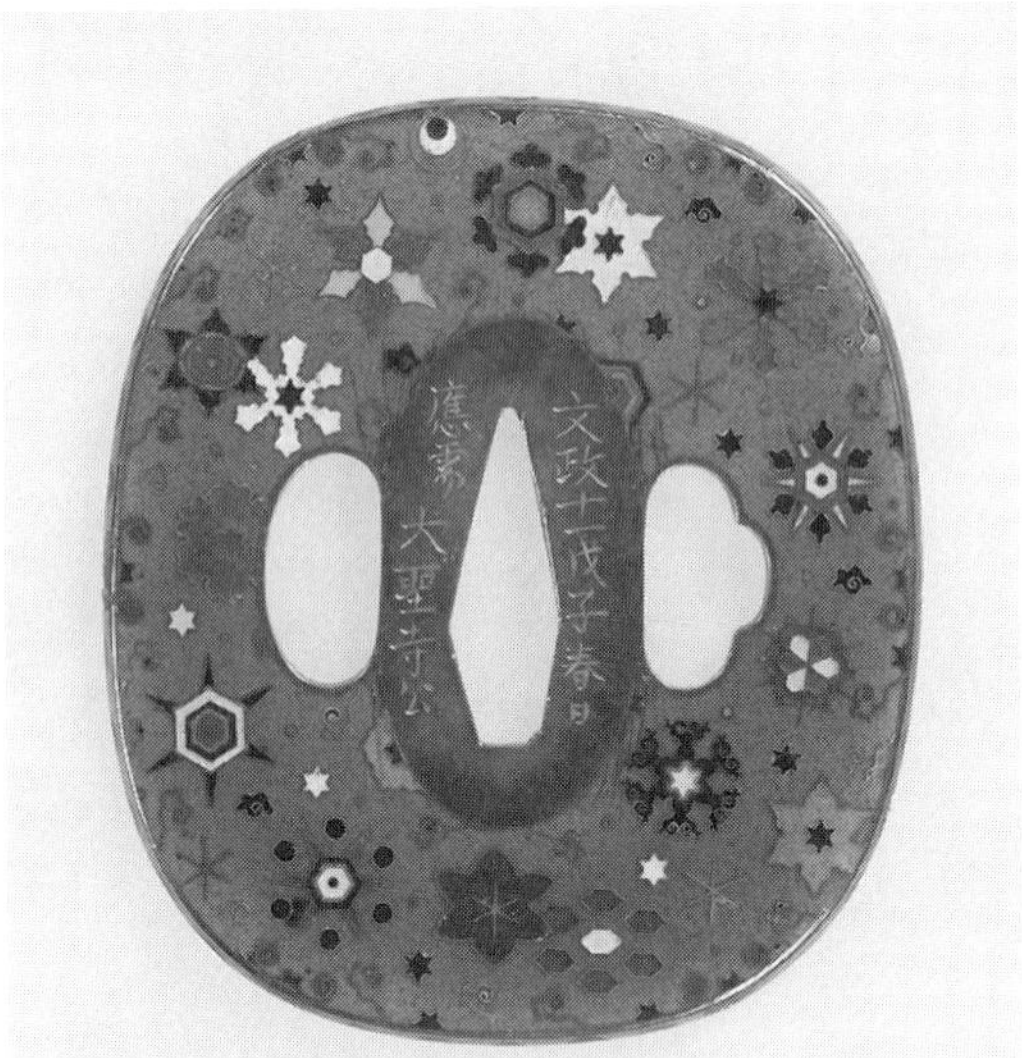

着物の柄をはじめ、雪華模様は流行り模様として消費された

雪華文七宝鐔　東京国立博物館蔵　出典：ColBase（https://colbase.nich.go.jp）

った江戸時代に比べて、現代は雪の結晶の種類が減ってしまったのかもしれません。ただの結晶というより、雪の精霊が何種類か絶滅してしまったような危機感が……。

環境破壊が進んでいる今、雪の結晶を拡大しても、土井利位が描いたような美しい状態には出合えないかもしれません。もしも歪んでいたり、崩れていたら、と思うと怖くて結晶を見られません。ご神体のように尊い雪華図を思い、自然への畏敬の念を取り戻したいです。

21 朝顔オタク

〜江戸を飲み込む朝顔熱〜

弥《や》之《の》助《すけ》

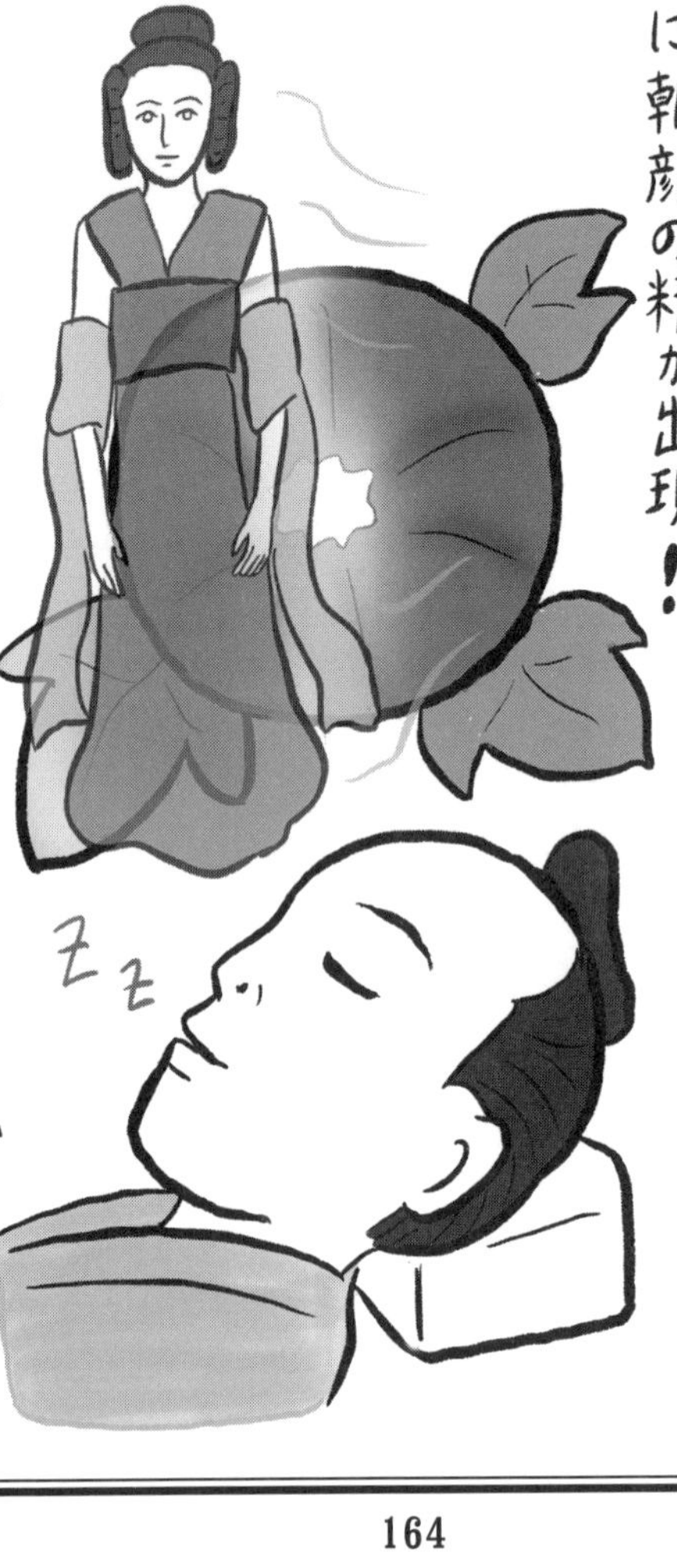
精魂込めて朝顔を育てていた弥之助の夢に朝顔の精が出現！
どんな育成ゲームよりも萌え度が高くやりがいがありそうです
Z Z

朝顔は江戸っ子に大人気だった花。朝方にパッと咲いて萎《しぼ》む朝顔は、宵越しの銭は持たない江戸っ子の気質と通じるものがあるのでしょうか。

入谷《いりや》の朝顔市でたまに朝顔を買うのですが、赤や青、紫など毎日違う色の花が咲き、まるでベランダで花火が上がっているような高揚感があります。朝顔は陽キャ側のポジティブな花で、見ると元気がもらえるようです。小学校の時に育てた思い出があり、その時は花のなかでは地味な存在に感じていたのですが、大人になってから朝顔市で再会したら、かなり種類が豊富で色も華やかでした。値段もそれなりに数千円しますが……。

品種改良が進み、朝顔市で見かけた花も、有名な「團十郎《だんじゅうろう》」から「暁の春」「浜の銀河」「南海スカイブルー」「富士の紫」とかなりバリエーションがありました。花の中心から放射状に白いすじが伸び、星柄のように見える朝顔や、縞模様の花びら、中心だけが赤く色づくために日の丸を彷彿とさせる朝顔など、選ぶのに迷います。朝顔市では四種類ほど入った鉢も売られているので、毎朝どの色が咲くか楽しみです。

江戸時代には、自然突然変異によって生まれた珍しい朝顔を「変化朝顔」として愛

略歴

生没年不明。嘉永・安政年間頃、変化朝顔の魅力に取り憑かれた男。巨大朝顔などを栽培したといわれる。

でる文化がありました。かつては牽《けん》牛子《ごし》という生薬を作るための薬用植物として種子が薬に利用されていたのが、観賞植物になったようです。メンタル的には明るくなるので薬用植物といってもよさそうですが……。当時園芸は、ハマるとお金がなくなる危険な道楽だったようです。

第一次朝顔ブームは、文化・文政年間（1804～30）、第二次朝顔ブームは嘉永・安政年間（1848～60）と、江戸時代の間に二度もブームが来ています。ちなみにブームの間の空白期には、万年青《おもと》や松葉蘭などの渋い植物が一時的に流行した

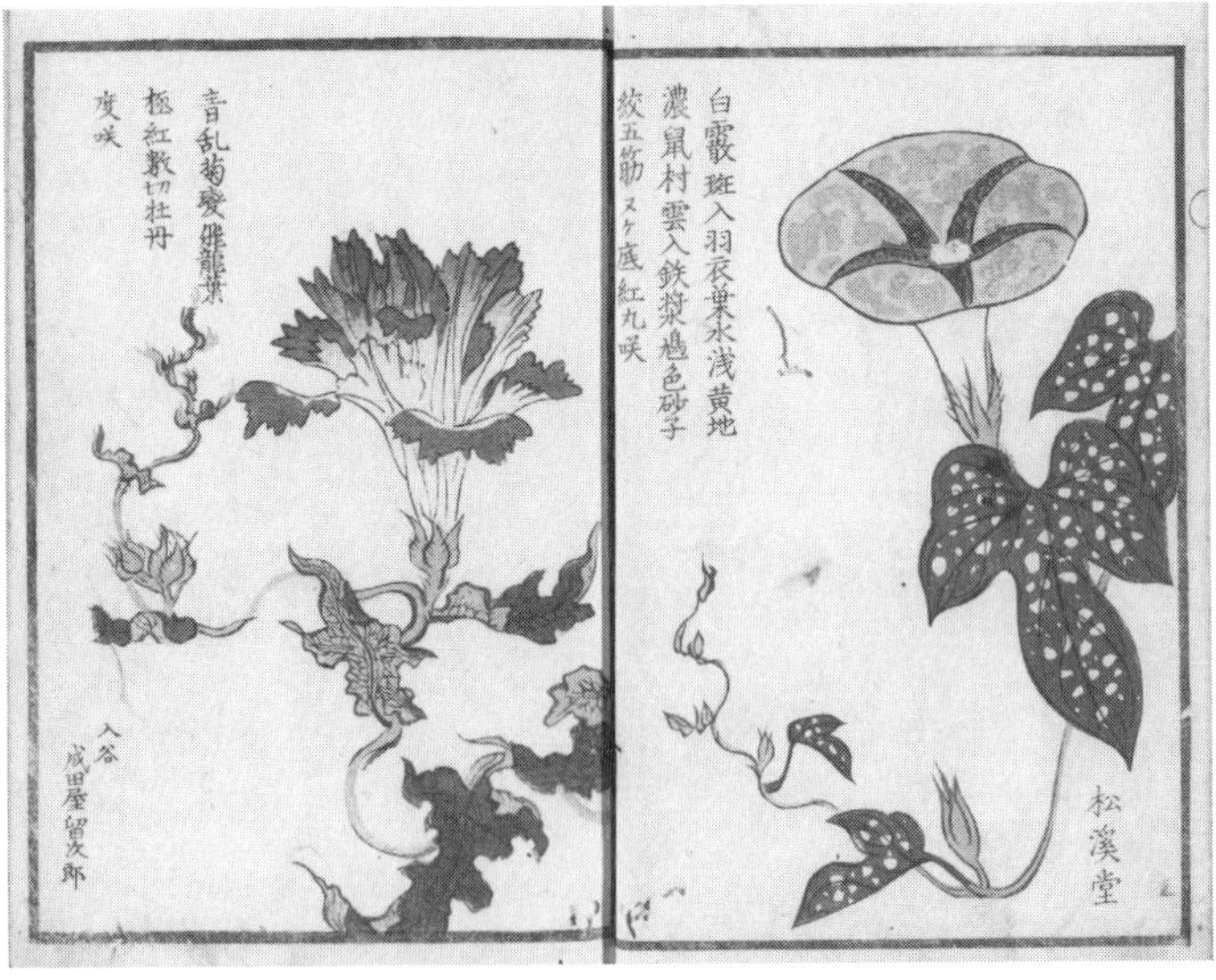

三都一朝　国立国会図書館デジタルコレクションより

とか。朝顔は大坂と江戸を中心に流行し、都会人に人気でした。花弁の形が円形ではなく、五枚にわかれたり、蘭のような見た目だったり、葉っぱの形も千差万別で、珍しい種類を見ると別の花なのでは、と疑念が生じるほどです。

朝顔図譜が出版され、花合わせ（品評会）が行われ、盛り上がっていた朝顔コンテンツ。江戸では下谷御徒町《したやおかちまち》が朝顔の名所となりました。御徒町でくすぶっていた下級武士が、第二の人生として園芸をはじめたと言われています。花合わせで発行された朝顔番付には植木屋の名前も記されていて、有名だったのは植木師の成田屋留次郎《なりたやとめじろう》。第二次ブームにおいての仕掛人のような存在でした。成田屋が発行した図譜は、葉、花の色、形、花名と出品者名を明記したもので資料としても貴重でした。

入谷の植木屋だった成田屋留次郎は、九代目市川團十郎の大ファン。朝顔オタクであると同時に歌舞伎オタクで、屋号を山崎から成田屋に変えてしまったほど。変化朝顔にとどまらず、変化屋号まで。團十郎ゆかりの茶色を表現した柿渋色の朝顔を「團十郎」として生み出すと大人気に。しかし團十郎が亡くなると同じ頃には團十郎朝顔の人気も盛り下がってしまいました。種子の確保も難しい品種だったようです。

ところで第二次ブームの頃、ほかにも朝顔オタクの男性が話題になりました。そちらはスピリチュアル系で、嘉永元年（1848）発行の『朝顔の精夢幻記』には、不思議なエピソードが書かれています。

武州多摩郡（現在の北多摩地域）に弥之助《やのすけ》という農民が住んでいました。彼は朝顔をこよなく愛し、寛政年間（1789〜1801）の頃は家で多くの花を栽培していたそうです。ある年も、いつものように庭に朝顔の種を蒔きました。そこから育ったなかに、ひときわ大きいつぼみをつけた朝顔がありました。これまでは大輪といっても五寸（約一五センチ）ほどでしたが、この花は蕾のうちから四寸五分（約一三・六センチ）もあったので、弥之助は大喜びでした。現代の朝顔で一五センチもの花弁などなかなか見ないので、江戸時代のオーガニックな栽培法や土壌の質がよかったことが想像されます。

弥之助はよりいっそう心を込めてこの朝顔を育てました。すると、ある晩不思議な夢を見ます。大輪の朝顔が咲いて、花の中からスーッと美しい女性が出てきました。そして、弥之助に向かって、丁寧に世話をしてくれたことへのお礼を述べたそうです。弥之助は驚いて、あなたは誰ですか？　と聞くと、朝顔の精です、と答え、寵愛《ちょうあい》してくれたことが嬉しいと話しました。そしてお礼に、花が大きく美しい色になる栽培法を弥之助に伝えたそうです。美女は花の中に入っていき、弥之助は目覚めました。

その朝顔の精の教えのとおりに栽培したら、一尺二、三寸（約三九センチ）の大輪や、変化に富んだ咲き分けや色などを作出することができて、山のように見物人が訪れたそうです。熱帯雨林に生える花並に大きすぎて怖いくらいです。江戸では朝顔名人の家が「朝顔屋敷」として人気スポットになっていたようで、現代のクリスマスのイルミネーションが派手な家に、見物客が訪れる現象を思わせます。見物だけならお金がかからない風流な趣味です。そして、西洋の花の妖精のような存在が、江戸時代の朝顔にも宿っていたというのは興味深いです。妖精は世界共通なのかもしれません。

朝顔には実際に精霊が宿っていてもおかしくないと思わせる個性と存在感がありま す。現代人が朝顔市に引き寄せられ、朝顔の鉢を買いたくなってしまうのは、精霊に導かれているような気もします。また、どんな植物でも愛情を込めて丁寧に育てることで、植物も応えてくれます。江戸時代は自然と人間が深いところで通じ合っていたのでしょう。それにしてはブームが去ったらすぐ飽きていたようですが……。約二〇〇年の時を経て、朝顔の人気はすっかり定着したようです。

参考：『茶花の文化史』 横内茂著　淡交社　2017年
『江戸の実用書　ペット・園芸・くらしの本』 近衛典子・福田安典・宮本祐規子編　ぺりかん社　2023年

〜幕末の「驚異の部屋《ヴンダーカンマー》」〜

南《なん》部《ぶ》信《のぶ》順《ゆき》

22 人魚オタク

人魚オタクだった八戸藩主、南部信順
ヒゲが濃く、情が深そうなお顔立ちですが……
人魚で若返りを狙うも20歳以上年下の妻には引かれてそうです
人魚の頭皮

人魚の牙に、人魚の頭皮や内臓、そして人魚のミイラ……青森県の八戸市博物館に納められているこれらの珍品は、八戸南部家に伝わった博物標本の数々。南部といえば、まず南部せんべいが思い浮かびますが、八戸藩のお殿様はもっとディープな世界に興味を持っていました。

南部信順《なんぶのぶゆき》は、陸奥国八戸藩の九代藩主で、薩摩の島津家から八戸藩に婿養子として迎えられました。江戸時代には蘭学にハマっていた蘭癖《らんぺき》大名が何人かいて、そのうちの一人が南部信順の実父である島津重豪《しまづしげひで》でした。島津重豪はグローバル意識が高く、世界地図を作成したり、ローマ字を書いたり、オランダ語を学んだりしていたそうです。そんな向学心旺盛な父の血を受け継ぎ、南部信順も蘭学や本草学に関心を持っていました。

南部信順は何のきっかけで人魚のミイラや絵などに興味を持つようになったのでしょう。江戸時代には、人魚が出現したり、人魚がテーマの作品が話題になったりと人魚の注目度は高かったようです。例えば山東京伝による黄表紙『箱入娘面屋人魚』は、

略歴

1813～72。陸奥国八戸藩9代藩主。11代将軍・徳川家斉の義弟にあたる。戊辰戦争では奥羽越列藩同盟に加わるも、同盟と歩調をあわせず新政府軍との交戦を避けた。

人魚が出てくる萌え系の物語で、そのシュールさは時代を超越。浦島太郎と、愛人の鯉との間に生まれたのが人魚の娘で、縁あって平次という漁師のもとに嫁ぎます。平次の家は貧乏だったので、人魚は家計を助けるために遊女になります。寿命が伸びるという触れ込みで、体をなめられるプレイで人気になってお金を稼ぐ、という奇想天外なストーリーです。

京伝が活躍する一〇〇年前、浮世草子の作家・井原西鶴も『命とらるる人魚の海』という小説で人魚について描写していました。美人だけれど体臭があり、ヒバリの鳴き声のような声だったとか。西洋では人魚の歌声を聞いたら海の底に沈められる、などと言い伝えられていますが、日本の人魚は牧歌的です。

このように当時人魚といえば、容貌が美しい女性で、長寿などの霊験もあるとされていました。人魚は見世物の出し物としても喝采を浴びていたようです。といっても、

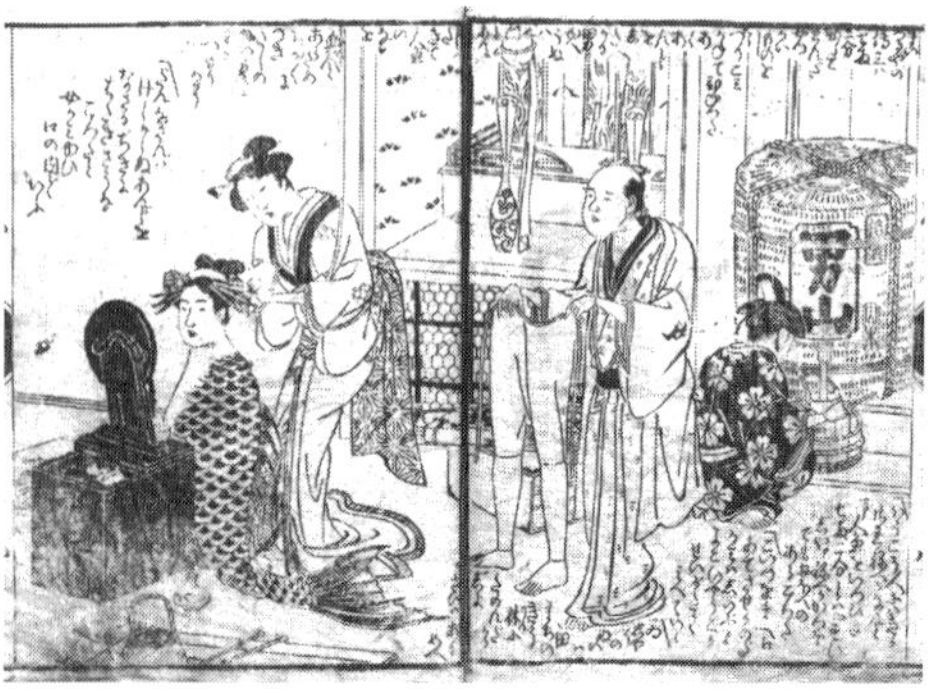

箱入娘面屋人魚　国立国会図書館デジタルコレクションより

魚や猿など動物のパーツを張り合わせて加工したものがほとんどでしたが……。精巧な日本製人魚のミイラは、海外にも輸出されました。

作り物の人魚のミイラが広まった一方で、日本では古くから人魚の目撃情報も数多くありました。人魚の肉を食べた尼が八〇〇歳まで生きたという八百比丘尼《やおびくに》伝説は各地に伝わります。また、人魚の油を灯火に用いると、消えにくく、かなりの明るさで照らすと言われていました。ほかにも目や鼻などに人魚油を塗ると寒さを感じなくなるなど、人魚は万能な存在だと信じられていたようです。

疫病除けの妖怪や予言獣には、人魚に似ている「神社姫」という存在もいます。文政二年（1819）に、肥前国（現在の佐賀県および長崎県）の浜辺に出現し、この先数年続く豊作のあとに訪れたコロリ（赤痢）の流行を予言して去っていったそうです。あらゆる面で人間をサポートしてくれた人魚という存在を、現代人はスタバのロゴで意識するくらいで、ほとんど忘れてしまっていて大丈夫なのか、とも思えてきます。

南部信順が人魚にハマったきっかけを想像すると、婿養子に入った家でかなり年下の妻をあてがわれた、ということも一因かもしれません。二六歳の南部信順のお相手は、当時二歳の鶴姫でした。当時としては年齢差がかなりあったので、二人の間にはお子さんがいませんでしたが、側室を迎えながらも、夫婦仲は平穏だったようです。娘ほどの年下の妻を前に、南部信順は焦りを感じたのかもしれません。老化を止めて、なんとか年下妻にふさわしい体力や若さを保ちたい、と……。そんな時に頭をよぎったのが、不老長寿の霊験あらたかな人魚だったのではないでしょうか。

　八戸市博物館がWeb上で公開している「八戸南部家旧蔵　博物標本資料」のリストを見ると、石や植物標本に混じって人魚関係の資料が充実しています。若い妻に若干引かれながらも、人魚オタクとしての熱意で集めていったのでしょう。例えば「人魚足皮」「人魚ひやくひろ」(百尋《ひやくろ》というのは小腸のことか)、「人魚ノ肉」「人魚ノ百ヒロ極まれなるもの大寿命之薬」というのもありました。裕福な人だけが手に入れられる高級な薬だったのでしょうか。「人魚牙正味八目五分」と、人魚には牙もあったようです。他にも骨や頭皮、爪など、さまざまなパーツが。人体だと思うと猟奇的ですが、人魚と言われると、霊妙でありがたいものに思えてきます。これらの資料は長らく未整理のままで、蒐集の目的や入手経路などについても詳細な記録がなく、わからない部分が多いようです。ただ、南部信順が大事にしていた私物だということはわかります。

　コレクションの中でも目を引くのは「双頭の人魚」の標本です。骸骨状の頭部が二つついていて、上半身はあばら骨が浮き上がり、下半身には金色の鱗がついています。ゴージャス感が漂っていて、セレブ顧客向けの高級なミイラだったのだと推察。国立科学博物館のX線撮影によると、頭部は張り子に魚の口がはめ込まれていて、下半身は棕櫚《しゅろ》の木でできており、ウロコやヒレは鯉のものだったそうです。南部信順は、人工物だとなんとなくわかった上で、工芸品の一種としてコレクションしていたのか……。それとも本気で不老長寿を願っていたのでしょうか。今となっては想像することしかできません。

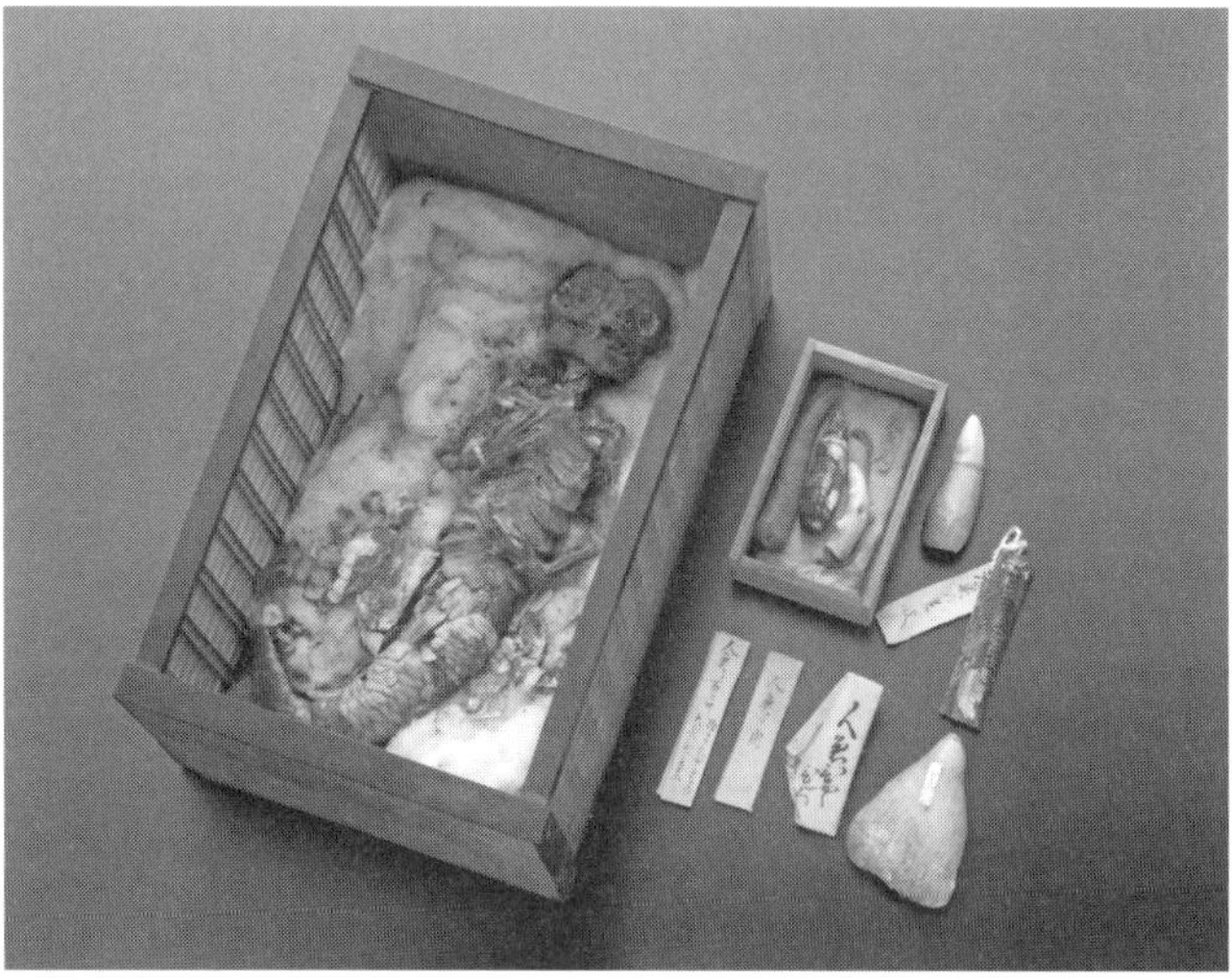

精巧に作られた「人魚の干物」。周囲は「人魚の牙」など

双頭の人魚（ミイラ）　八戸市博物館蔵

戊辰戦争を乗り越えて八戸藩の存続に尽力した南部信順は、明治時代に八戸藩知事を務めたのち五九歳で亡くなられたので、人魚のご利益はなさそうですが、激動の時代に好きなものの蒐集に没頭できたので、恵まれた人生だったことでしょう。南部信順が不老長寿のご利益を得られなかったのは、もしかしたら人魚を愛するあまり、体の一部を食べられなかったからかもしれません……。あくまでも人魚は観賞用という、ストイックなオタクの生き方を体現しています。

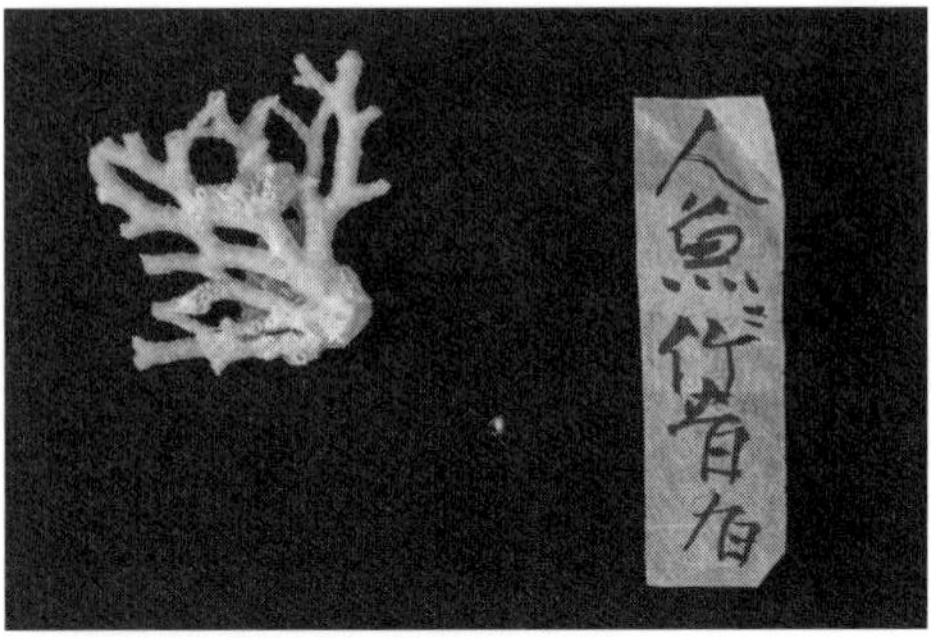

サンゴ類でできた「人魚の骨」

人魚二竹骨有　八戸市博物館蔵（画像提供：国立民族学博物館）

注：「双頭の人魚」を含む八戸南部家旧蔵「博物標本資料（仮称）」の実態については不詳だが、現在までの研究により標本はこれが発見された蔵の建つ屋敷に住んでいた南部信順のものである可能性が指摘されており（「八戸南部家旧蔵　博物標本資料」）、ここではこれに従って執筆した。

参考：「江戸時代の『人魚』像」九頭見和夫　人間発達文化学類論集　2005年
「八戸南部家旧蔵　博物標本資料」八戸市博物館　2022年

丸型のガラス容器には鉱物や種子などが収められている。同様の資料数は300点近くにのぼる　八戸南部家旧蔵博物標本資料　八戸市博物館蔵

23 歌舞伎オタク

〜江戸の「推し」ビジネス〜

豊《とよ》姫《ひめ》

現代に通じる江戸時代の歌舞伎の推しグッズ
役者絵「大首絵」(顔のアップ)
「団扇絵」
「死絵」
目は開いたまま……
フィギュアのような「似顔人形」
推しカルチャーはご先祖様の導きなのでしょうか

現代の推し活の原型ともいえるのは、江戸時代の歌舞伎ファンかもしれません。ファンは役者が描かれた浮世絵である「役者絵」や、うちわに描かれた「団扇絵《うちわえ》」などを入手。まるで、アイドルイベントのグッズのようです。浮世絵には、キメ顔だけでなく日常を過ごす役者の様子を描いたものもあったとか。

絵だからこそ可能なのが「死絵《しにえ》」という表現。人気がある歌舞伎役者が亡くなると、死を追悼する絵が売り出されました。例えば、釈迦涅槃図《しゃかねはんず》に見立てて、八代目市川團十郎の遺体の周りを女性たちが取り囲んで泣いている様子の絵など……。もし今、亡くなった歌舞伎役者のご遺体写真やお葬式の写真がファン向けに売られたら、さすがに不謹慎だと思われてしまいますが、推しが死んでも推し続けるという江戸時代の人情を感じさせる風習です。

また、かなりの美男子で大人気だった八代目市川團十郎にいたっては、どうやって採取したのか不明ですが、吐いたつばを女性が大事にお守り替わりにしていた、という逸話が。かつて、ムード歌謡コーラスグループの純烈《じゅんれつ》が、マダムのお客さんに差し

略歴

1800～45。和歌山藩10代藩主・徳川治宝の娘で、11代藩主・斉順の正室。鶴樹院（かくじゅいん）とも。

出されたハンカチやタオルで汗を拭いてそれを返す、というファンサービスをニュースで見たことがあります。汗付きのハンカチを大事に冷蔵庫で保存している女性もいましたが、つばを保存する二〇〇年近く前のファンと似たような心理かもしれません。ソフトな推し活グッズでは、歌舞伎役者の人形や、歌舞伎役者にちなんだ饅頭《まんじゅう》や煎餅《せんべい》なども多数展開していました。

江戸時代の推し活で洒落ているのは、役者にまつわる紋や柄を自分の着物などに取り入れる文化。役者の家ごとの「定紋《さだめもん》」や、役者個人の「役者紋」というものがあり、歌舞伎役者は紋付《もんつき》に染め抜いて着用しました。例えば、市川團十郎は「鎌輪ぬ（かまわぬ）」尾上右近は「重ね扇」、中村勘三郎は「中村格子《こうし》」が役者紋です。紋を取り

八代目市川團十郎の死絵。人間に混ざり猫までもが嘆いている
猿白院成清日田信士　国立国会図書館デジタルコレクションより

女性が身につけているのはかまわぬ柄の着物。「鎌」「○(輪)」「ぬ」の三文字で「構わぬ」と読ませる判じ物柄は、元禄期に大流行した

香蝶楼豊国・一陽斎豊国画　甲州善光寺境内之図初午　国立国会図書館デジタルコレクションより

入れるのは推し色やメンバーカラーを身につけるよりもハイレベルです。歌舞伎の演目やキャラクターに関連する文様を身にまとう通な人もいたそうです。

当時、高い桟敷《さじき》席や切り落とし席、役者に近い土間席を買い、役者絵に惜しみなく課金できる人は、恵まれた一部の人だけだったようです。なかでも大名のお姫様ともなれば、役者にとっても一番のお得意様。江戸時代に歌舞伎オタクとして有名だったのは、御三家紀州家の姫君、豊姫《とよひめ》様です。和歌山藩主・徳川治宝《はるとみ》の五女で、和歌山藩一一代藩主・徳川斉順《なりゆき》の正室、というやんごとなきお方。しかし、将軍家から養子に入った夫と、父の関係がピリピリしていて、出産した長女が生後二か月で亡くなって以降は子どもに恵まれず、夫は側室を次々と迎えるなど、人生の試練も多かったようです。

そんな豊姫様が救いを見出したのが歌舞伎だったのかもしれません。駕籠に乗り、行列を組んで芝居小屋に観劇に行ったと伝えられています。時は文政二年（１８１９）のこと。その頃江戸で評判だったのは、七代目市川團十郎、三代目尾上菊五郎が「助《すけ》六《ろく》」を演じる舞台でした。江戸の代表的な色男、助六が花魁の揚巻《あげまき》と恋仲になり、吉原で豪遊しつつ家宝の刀を探す、という華やかな演目です。玉川座と中村座で、筋書きが少し違ったそうですが豊姫様は見比べることができました。徳川家の姫様とまったく縁のない設定だからこそ、異世界を楽しまれたのでしょうか。

当時の「助六」は、揚巻が強い女として描かれていて、助六を守り、仇討ちを後押しする役柄だったそうで、同じ女性としてエンパワーメントされたのかもしれません。上方で起こった心中事件がもとになっている、いわくつきの演目でもあったようです。

芝居小屋が豊姫様のために表の木戸を取り払い、駕籠の中から歌舞伎鑑賞。桟敷席を超えた特等席です。

しかしその豪遊がのちに幕府で問題となり、関係した重臣一人が切腹。解雇さ

豪奢ないでたちで桟敷席から観劇する女性

歌川豊国画　艶姿花の十二支　さる若のひやうばん

国立国会図書館デジタルコレクションより

れた人も何人か出て、豊姫様も紀伊国（現在の和歌山県～三重県）へ押し込めの処分が下されてしまいます。押込めとは軟禁状態のようなもの。徳川家の姫様だからこそ、見せしめとして重い刑が処されたのでしょう。まだ二〇歳そこそこだったので若気の至りとして大目に見てあげてもよかったように思います。

歌舞伎絡みの騒動は、遡って１７００年代にもありました。江戸時代はおおらかなイメージがありますが、重い立場の人に対しては厳しい目が向けられていたようです。まるで校則がきつい学校のようですが、歌舞伎を観劇したことで門限が守れずに、役者との関係が露呈した奥女中が大問題となった一件がありました。

大奥の御年寄《おとしより》という重要な役職に就いていた絵島《えじま》という女性がいました。正徳四年（１７１４）、彼女は仕事で増上寺に参拝、その後すぐ江戸城に戻らずに御用商人たちと芝居小屋に向かいます。歌舞伎を鑑賞したり、その後宴席に参加したりしていたら時間があっという間に過ぎて、門限である午後六時を過ぎてしまいました。大奥の門限、厳格な親以上に早すぎます。

絵島は宴会でお酒を飲んだことが災いし、芝居の役者と関係を持ったのではないかと疑われて、厳しい取り調べを受けます。当時の役者は今のようにセレブのイメージではなかったので大奥のエリートが役者と交流するのは御法度でした。また、江戸時代は「役者買い」と言って、裕福な人が役者に大金を貢ぎそれと引き換えに関係を持つこともあったそうなので、絵島も疑われてしまったのでしょう。

流罪は免れましたが、絵島は高遠藩《たかとお》（現在の長野県伊那市）に幽閉されることになってしまいました。アテンドした御用商人や芝居関係者は流罪に……。庶民は自由に推し活ができていた一方で、姫や奥女中など地位のある人は自由に気晴らしもできなかったのが切ないです。

推し活によって人生が狂わされた人びとの念や生き霊を背負って、役者はますます妖しいオーラを増していったのでしょう……。

参考：『江戸女百花譜』 田井友季子著 櫂書房 1978年
『大江戸の姫さま ペットからお輿入れまで（角川選書381）』 関口すみ子著 KADOKAWA 2005年
国立国会図書館 Webサイト「本の万華鏡」 https://www.ndl.go.jp/kaleido/

24 天狗オタク

～ヒトを辞めた男～
神《かみ》城《しろ》騰《とう》雲《うん》

ある日突然現れた天狗に連れ去られた神城
戻ってきてからはすっかり天狗推しに
天狗は人間を尊重しますし正直で禁欲的で女と交わりません
性器は人間と同じですが便が出る所は小児のようです
秘所まで見せてもらうほどの関係だったのでしょうか……

妖魔的な存在か、それとも山の神か、山伏や修験道の最終ステージか……。『日本書紀』にも登場し、日本の歴史を陰ながら支えてきた天狗という存在。まるで実在しているかのように、日本中の山には天狗の伝説が残っています。例えば関東地方に限っても、日光、妙義山《みょうぎさん》、赤城山、榛名山《はるなさん》、筑波山や高尾山、秩父《ちちぶ》などに天狗が生息すると言われています。

江戸時代には天狗関係の書物や記事が多く発表され、天狗論議が活発になりました。庶民の間に天狗信仰が広まり、畏怖《いふ》の対象になっていたようです。そして、なかには天狗にさらわれる人もいたようです。アメリカで宇宙人にさらわれた人がいるのに近い感じでしょうか。異次元の存在への憧れを感じさせます。

江戸時代後期の文政三年（１８２０）には天狗にさらわれた寅吉《とらきち》という少年が話題になりました。天狗（山人）に連れ去られ、師匠である大天狗のもとで修行した寅吉少年の話を国学者・平田篤胤《ひらたあつたね》が取材しまとめた本は、今でも多くの人に読み継がれています。羽団扇《はうちわ》を使って飛ぶ術や、碁石《ごいし》や泥団子をぶつけ合うといった天狗の娯楽、獣

略歴

生没年不明。元の名は神城四郎兵衛正清。剣術道場で天狗にさらわれ、山に籠り修行に励んだという。

の肉は食べないけれど鶏肉は身体が軽くなり空を飛びやすくなるので食される、という食生活など興味深い内容が綴られています。

昭和の時代に出版された天狗本の集大成『天狗の研究』（知切光歳著　大陸書房　1975年）には、江戸時代に起こった寅吉とは別の「天狗さらい」のエピソードがおさめられています。それは寅吉が天狗にさらわれた事件の一〇年以上前のこと。下谷長者町（現在の台東区上野三丁目）の剣術家、藤川弥八郎《ふじかわやはちろう》の内弟子に神城四郎兵衛正清《かみしろしろうべえまさきよ》（のちの騰雲《とううん》）という男性がいました。神城自身も相当な剣術の持ち主だったようです。

文化五年（1808）のある夜、稽古場にいた神城は、突然、頭上から異装の男に呼ばれ、二人は屋根の上で対峙しました。すると「さあ行こう」とともに空中に飛び上がったという、有無を言わせぬ唐突な展開。一緒に西の方角に飛ぶ途中、屋根の上でひと休み。どこかと思ったら、京都の三十三間堂の屋根でした。この並外れた身体能力を見て「さては天狗だな」と確信した神城。彼はこの天狗にどこまでもついていって、天狗の修行をしたいと思いました。天狗にさらわれた瞬間、天狗推しになってしまったようです。

天狗の修行には山籠《やまごも》りがつきものです。まだ少しシャバに未練がある神城の気持ちを見抜いた天狗。「誰か会っていきたいものがあるのか」と尋ねます。さすが金比羅《こんぴら》さんの眷属《けんぞく》・趣海坊《しゅかいぼう》。人間の心をよく知っています。丹後宮津《たんごみやづ》の父母に会いたいと伝えると「顔さえ見れば、しばらく俺の山に籠るか」と、オラオラ系で強引な天狗。「その儀は承知した」と、ここでも話がまとまるのが早いです。神城は、両親に会っていとまを告げます。それにしても江戸から京都までひとっ飛びで行けるとは、交通費もかからずエコな移動手段です。

そのあと、神城は七、八日間ほど天狗の趣海坊に各地の山々に連れて行ってもらい、また下谷長者町に戻ってきました。しかし、それからもたまに数日間姿を消すことがあり、天狗とも交流があるようでした。すっかり天狗の世界にハマり、「自分はもともと天狗に化けるために生まれてきたのを、しばらく人間界にまぎれてしまっていた。趣海坊が連れ戻してくれたおかげで、今では少しずつ天狗の感覚を取り戻し、飛行のコツもわかった。そして騰雲という名前も授かった」とまで言い出すように。天狗との前世からの深い縁を感じているようです。「そのうちに人間界とのまじわりを断ち、天狗界に入ってしまう」と天狗化宣言もしていました。

騰雲の天狗の話は当時の武士の間でも話題になっていたようです。天狗にも不良天狗から神様の眷属までさまざまなランクがあるようですが、騰雲が出会った天狗は讃《さぬ》岐《き》の金比羅権現の眷属という、筋のいい天狗らしく、霊格の高さが漂います。人間と同じく、どの天狗と出会うかが重要です。

騰雲いわく「天狗は人間を非常に尊重する。人間は万物の霊長で他に及ぶ物がないからで、中にも正直な人を尊ぶ」そうです。さり気なく自分をホメているような……。

一方極悪人のことは、側に近づくことすら忌み嫌うとか。

「天狗は自分に関りのあること、例えば山中に穢《けが》れを持ちこむ者、自分の休み木を伐採するなどには、手痛い懲罰を加えるが、自分とは無関係の相手にはたとえ大悪人であっても罰を加えたりはしない。ただ忌避《きひ》するだけである」と、天狗にバチを当てられる要注意の行動についても語っていました。しかしイカつい見た目な天狗なのに、極悪人のことは避ける性質があるようです。天狗同士は争うことがないので、剣術を教えたり習うことはありませんが、ほかにさまざまな術を持っているので人間はとても敵わないとか。

「天狗の食物については松葉、竹葉、その外《ほか》の木の葉、魚または猿の仔、魚は割いて肉ばかりを食し、猿の仔は焼いて食う」と、天狗の食生活についての秘密も。猿を食べてしまうのは、さすがに引きますが……。「金銀米穀は人間が苦労して造った宝であるから、一粒の穀物も食うことはしないし、金銀も使用することはない。人間は物を食うから空腹になるので、五穀を絶てば空腹ということはない。だから天狗は飢えることがなく寒暑も感じない」と語る騰雲は、天狗の立場で発言しているのでしょうか。

月岡芳年画　白峯相模坊（部分）　国際日本文化研究センター蔵

　人間の作った食糧に対しては一線を引いている天狗。基本、小食で仙人のように生きているのかもしれません。見た目については、人間とほとんど変わらないそうです。

「眼中鋭く鼻筋通り、五穀を断

っているから、身は痩せ枯れて、背が高く、髪は延ばしたままで、毛は赤黒く、いつも空を飛ぶので髪の毛は短く、肩までしかない。瞳は黒く、目のふちも黒くて、瞳のまわりは黄色で、眼の玉は恐ろしい光を放っている」。ここでは鼻の大きさについてあまり触れられておらず、特徴的なのは恐ろしい目力のようです。こんな天狗に一緒に行こうと誘われたら、騰雲でなくともとても断れません。

目はギラギラしていても、情欲の光ではありません。基本、天狗は女性と交わらないそうです。前夜に女と交わった者が天狗のいる御山に登ると、不浄だと祟られることもあるそうで、油断できません。女好きの傾向がある仙人とは別のジャンルのようです。女人と交わらない生活で、肛門や尿道などは人間の少年のようだったとのことで、騰雲はそんな部分まで見せてもらっていることに驚きです。

空中飛翔については、翼の力で飛ぶのではなく、飛び上がる時、弾みをつけた勢いで飛行するそうです。最初の勢いが重要です。天狗が飛ぶと、空に船が通ったあとの波紋のような模様ができるとか。描写が具体的で信憑性があります。

天狗界のスポークスマンとして活動した騰雲ですが、しばらくして道場からも姿を消し、江戸の町で消息を絶ってしまったそうです。おそらく、天狗の修行を続けて、実際に天狗になったと予想されています。

天狗に感化され、天狗オタクから天狗になってしまった騰雲。今度は彼が人間をスカウトに来る番かもしれません……。

25 日本オタク

～ニッポン大好き！～
ラナルド・マクドナルド

ラナルド・マクドナルドが日本に受け入れられた理由の一つは……
キリシタンかどうかチェックする踏み絵を迷いなく踏みつけたから、という説が
何この絵 恐い…… 日本の化け物？
踏まれまくって判別つかなくなった絵→
ガシ
ガシ
プロテスタントだから偶像崇拝関係ないし
キリスト教の尊い絵だと知ったあとも気にしなかったとか
メンタルと運が強すぎます

日本の国力や経済力が低下しつつある今、海外旅行客が日本の食べ物や人の親切さ、清潔感についてほめてくれるのを聞くと自己肯定感が少し上がります。親日家の外国人はいつの時代もありがたい存在。きっと江戸時代においてもそうだったことでしょう。

ラナルド・マクドナルドは、日本オタクといってもいいくらい、日本への憧れが強い人物でした。文政七年（1824）、現在のアメリカ合衆国オレゴン州（当時は英国領）でハドソン湾会社交易人のイギリス人男性と、アメリカ先住民チヌーク族族長の娘の間に生まれます。マクドナルドは幼少期より、チヌーク族の祖先は日本人だと聞かされて育ったので、日本には特別な思い入れがありました。調べてみると、チヌーク族と日本人は同じモンゴロイド系という説や、真偽は不明ですが、ネイティブアメリカンの祖先が縄文人という説があるようです。マクドナルド自身も自分の顔立ちが日本人に似ていると思っていて、日本への思いを募らせていました。

マクドナルドは父のコネで銀行員見習いになったものの、自分のやりたいことと違

略歴

1824〜94。英領北アメリカ生まれ。幼い頃から日本に憧れを抱き、24歳の頃太平洋を渡って鎖国下の日本を訪れた。

ったため逃げ出し、ひそかに日本行きを企てました。ニューヨークで捕鯨船プリマス号の乗組員になったマクドナルド。最初から密入国する気満々だったようです。

船でハワイや香港などを経由し、ついにチャンスが訪れました。嘉永元年（1848）、北海道の周辺に近付いたタイミングで、単身ボートで日本上陸を試みたそうで、命知らずの二四歳です。北海道利尻島《りしりとう》に上陸した時は、ボートをわざと転覆させて漂流者を装ったという確信犯。密入国者だと処刑される可能性があったためです。入国後は、利尻島から北海道南端の松前町、さらに遠い長崎県に送られ、取り調べや尋問を受けました。さすが鎖国下の日本はかなりガードが固いです。

のちに彼が著した『日本回想記』には、長崎の崇福寺《そうふくじ》の末庵、大悲庵《だいひあん》に監禁されていた時の生活についても綴られています。自らを「鳥かごの人」と称していますが、お寺では日本人に英語を教えるなどして、充実感も得られていたようです。この外国人の気だてがよく、教養があることを知った長崎奉行は、オランダ通詞（通訳）たちに英語を学ばせたいと考えました。

ちょうどマクドナルドは、英語を教えることを予感していたのか、石板を持って入国したという神の采配を感じる出来事も。彼のもとには異国の文化や英語を学びたい、向学心が強い人が多く訪れました。ペリー来航の時に日本の通詞として活躍した森山《もりやま》栄之助《えいのすけ》や堀達之助《ほりたつのすけ》にも英語を教えていたので、もしマクドナルドがいなかったらペリーとの交渉もうまくいかなかったかもしれません。

『日本回想記』には、今と変わらない日本人の英語力についても忌憚《きたん》なく書かれています。マクドナルドの英語の生徒は一四人ほどいたそうです。監禁中なのでおそらく無償だったのでしょう。世にも珍しい座敷牢留学です。文章からは監禁の辛さより、教えることの楽しさが伺い知れます。「私が監禁されている期間中、ほとんど毎日といってよいほど、森山やほかの人びとが私のところに教わりにきた」「私の仕事は彼らの発音を直すこと。そしてできるだけ日本語で、意味や構文などを説明することだった」など、すっかり教育者の口ぶりです。

日本に上陸して各地をたらい回しにされるうちに、日本語が上達していたのでしょうか。日本が好きで日本語をずっと学びたかったから、習得も早かったのだと思われます。マクドナルドは「彼らの言葉の多くは、たぶん母方（チヌーク族）の祖先を通じて、私にはなじみ深く響いた」と綴っていました。一方で日本人は英語の発音に苦労していたようです。「彼らはLの文字を発音できない。できたとしてもきわめて不完全だ。彼らはLをRと発音する。そこで彼らは私の名前のなかのLをRの強い喉音《こうおん》で読んでラナRド・マクドナRドにしてしまった」

英語表記だと、Ranald MacDonald。RではなくLが正しい発音です。でもカタカナにすればRでもLでも「ル」だから同じ、というのが日本人としての言い分でしょう。ソフィア・コッポラ監督の映画『ロスト・イン・トランスレーション』（2003年）にも、日本人はRとLの発音の違いがわからない、というセリフがあった記憶が。欧米人がまず抱く違和感なのでしょう。それが二〇〇年続いているとは……。日本人の苦手な発音は、もはや遺伝子に刻み込まれています。

マクドナルドいわく、生徒たち、特に森山は文法などはかなり上達したとのことです。自身も、耳で覚えた日本語を紙に書いて覚えようとしていました。最終的に五〇〇もの単語を独学で習得したそうです。

寺に滞在していたマクドナルドは僧侶の習慣にも興味を持っていました。当時、彼の周囲にいた僧侶は完全な菜食主義で妻帯《さいたい》もせず、禁欲的だったようです。神道と混同しているのかもしれませんが、マクドナルドは、日本の僧は自然を崇めていたと書いています。また、鬼をやたら恐れていて、鬼が立ちふさがっていると思ったら「彼らはひざまずき、同時に手のひらをすり合わせて、不幸や禍《わざわい》から免れさせ給《たま》えと哀願の身振りをする」という風習があったそうです。現代ではなかなか見ないお坊さんの言動です。

マクドナルドは日本人の宗教観について、「高貴で純粋で、慈悲深く、あらゆる自然を愛し、悪意がなく純潔だ」と称讃していました。日本愛が根底にあるからこそのリスペクトの言葉。ちなみに江戸時代に来訪したほかの外国人はまた違う日本人像を伝えています。植物採集のために幕末の日本を訪れたロバート・フォーチュンは「気位が高く、復讐心の強い日本人」と書き表していました。一方、マクドナルドは監禁状態にあってもポジティブなフィルターを通して日本を見ていたのでしょう。

ずっと夢見ていた日本での生活も、長崎に滞在してから七か月ほどで終わってしまいます。嘉永二年（１８４９）四月には、ほかの捕鯨船の漂流民とともにアメリカの船に引き渡され、送還。帰国後は、日本が高度な文明社会であることをアメリカで喧伝《けんでん》してくれたそうで、好感度しかありません。しかし、ネイティブアメリカンの血を引くマクドナルドにとって、アメリカはあまり住みやすい場所ではなかったのかもしれません。それからも船員として世界各国を旅します。訪れた国々のなかでも、一番輝かしい時期は日本での監禁生活だった、と懐かしく思い出していたというマクドナルド。監禁中でも、日本人の彼に対する扱いは丁寧だったそうです。おそらく、マクドナルドから日本大好きオーラが出ていて、自然と日本人も好印象を抱いていたのでしょう。マクドナルドが七〇歳で天に召される時の臨終の言葉は「Sayonara, my dear, sayonara...」というエピソードにも胸が熱くなります。

鎖国の日本に入国し、捕らえられ監禁されても、自身の心は鎖国しなかったマクドナルド。コミュニケーション力を高めるには、常に心を開国状態にすることが大切だと、時を超えて教えてくれているようです。

参考：『Bilingual books 外国人が見た古き良き日本』内藤誠編著　講談社　2008年

あとがき

江戸時代の二五人のオタクの方々についてお読みいただき、ありがとうございました。やはり日本人の気質は昔から変わっていないとか、現代と比べてハマり方がディープだとか、共通点や違いについて気づかされた方もいらっしゃるかもしれません。

戦がほとんどない平和な江戸時代、庶民にも教育が普及し、趣味を持つ人も増えたようです。強いられる勉強ではなく、自分から好きな動植物や自然現象について調べていた、江戸時代のオタクの探究心には驚かされます。そこまで何かを好きになったことがあったかとわが身を振り返らずにはいられません。もし江戸時代に生まれていたら……何を推していたでしょう。ありがちですが、猫とか、天然石とか、今と変わらないものに惹かれていた気がします。江戸時代には、おしゃれな虫かごに入った蛍や、美しい鞠を持ち歩く女性もいたようです。風流すぎて、ブランド品をアピールするよりも粋に思えます。江戸時代の趣味人への憧れが募ります。

それぞれのオタクについて調べているときは、自分がそのオタクのオタクになったような気持ちでした。貝石オタク、ゴシップオタク、麻酔オタク、猫オタク、天狗オタク、茶屋娘オタク、地獄オタク……と、どの人も魅力的で、時代が違ってもカリスマ的な存在となっていそうな、特異な才能の持ち主です。執筆しながら、タイムトラベルをしているかのように、現代と江戸時代を行き来している疑似感覚がありました。

この本の書き下ろしの執筆をご依頼いただいたのは2022年のこと。淡交社の久保田祥子さんからのメールには、江戸時代には雪の結晶オタクや、奇談オタクがいた、と例が書かれていて、さっそく引き込まれました。執筆しながら、私も江戸時代について調べて気になった人を候補に提案させていただき、このような強力なメンツが揃いました。興味深いテーマを提案してくださった久保田祥子さん、そして素敵なデザインを手がけてくださったデザイナーの杉山健太郎さんにも、御礼申し上げます。

そして何より、この本を手に取ってくださった読者さまに心から御礼申し上げます。お読みいただき、一緒にタイムトラベルをしてくださってありがとうございました。いつかパラレルワールドの江戸時代でお会いできたら嬉しいです。

江戸時代のオタク関連年表

凡例：和暦西暦の対照について、改元のあった年は、その年のはじめから新しい年号とした。
●印は本書に登場する人物にまつわるできごとを表す。

元号（西暦）	オタク生没年	できごと
慶長7年（1602）		オランダ東インド会社設立
慶長8年（1603）		徳川家康が征夷大将軍となり江戸幕府を開く　出雲の阿国、京都でかぶき踊りを演じる
慶長9年（1604）		
慶長10年（1605）		徳川秀忠が江戸幕府2代将軍に
慶長11年（1606）		
慶長12年（1607）		幕府が林羅山を儒者として任用
慶長13年（1608）		
慶長14年（1609）		オランダ船に貿易を許可。平戸に商館を開設
慶長15年（1610）		
慶長16年（1611）		中国・明の商人に長崎貿易を許可
慶長17年（1612）		直轄領に禁教令発布。翌年には全国に及ぶ
慶長18年（1613）		イギリスとの通商を許可
慶長19年（1614）		大坂冬の陣
元和元年（1615）		大坂夏の陣（豊臣氏滅亡）　一国一城令、武家諸法度、禁中並公家諸法度の発布
元和2年（1616）		徳川家康没す　ヨーロッパ船の寄港地を長崎と平戸に限定
元和3年（1617）		現在の日本橋人形町に幕府公認の遊郭・吉原が誕生
元和4年（1618）		
元和5年（1619）		
元和6年（1620）		
元和7年（1621）		

元和8年（1622）	
元和9年（1623）	徳川家光が3代将軍に
寛永元年（1624）	初代中村勘三郎が江戸に猿若座を建てる
寛永2年（1625）	
寛永3年（1626）	
寛永4年（1627）	
寛永5年（1628）	◉徳川光圀生まれる
寛永6年（1629）	紫衣事件起こる。後水尾天皇譲位
寛永7年（1630）	
寛永8年（1631）	
寛永9年（1632）	
寛永10年（1633）	
寛永11年（1634）	
寛永12年（1635）	日本人の海外渡航および帰国を禁止　参勤交代の義務化
寛永13年（1636）	長崎出島完成
寛永14年（1637）	島原・天草一揆起こる
寛永15年（1638）	
寛永16年（1639）	ポルトガル人の居住来航を禁止
寛永17年（1640）	
寛永18年（1641）	
寛永19年（1642）	この年を中心に、全国で飢饉（寛永の飢饉）
寛永20年（1643）	
正保元年（1644）	中国・明の滅亡。清が首都を北京に遷し、中国支配を開始
正保2年（1645）	前田綱紀がわずか3歳で加賀藩5代藩主となる。後に綱紀は工芸全般にわたる資
正保3年（1646）	料を収集・整理・分類し、その集大成が「百工比照」と残る
正保4年（1647）	
慶安元年（1648）	
慶安2年（1649）	
慶安3年（1650）	
慶安4年（1651）	3代将軍徳川家光没し、家綱が4代将軍となる
承応元年（1652）	

1628〜1700

【美食オタク】徳川光圀 P.12

承応2年（1653）
承応3年（1654）
明暦元年（1655）
明暦2年（1656）
明暦3年（1657）
万治元年（1658）
万治2年（1659）
万治3年（1660）
寛文元年（1661）
寛文2年（1662）
寛文3年（1663）
寛文4年（1664）
寛文5年（1665）
寛文6年（1666）
寛文7年（1667）
寛文8年（1668）
寛文9年（1669）
寛文10年（1670）
寛文11年（1671）
寛文12年（1672）
延宝元年（1673）
延宝2年（1674）
延宝3年（1675）
延宝4年（1676）
延宝5年（1677）
延宝6年（1678）
延宝7年（1679）
延宝8年（1680）
天和元年（1681）
天和2年（1682）
天和3年（1683）

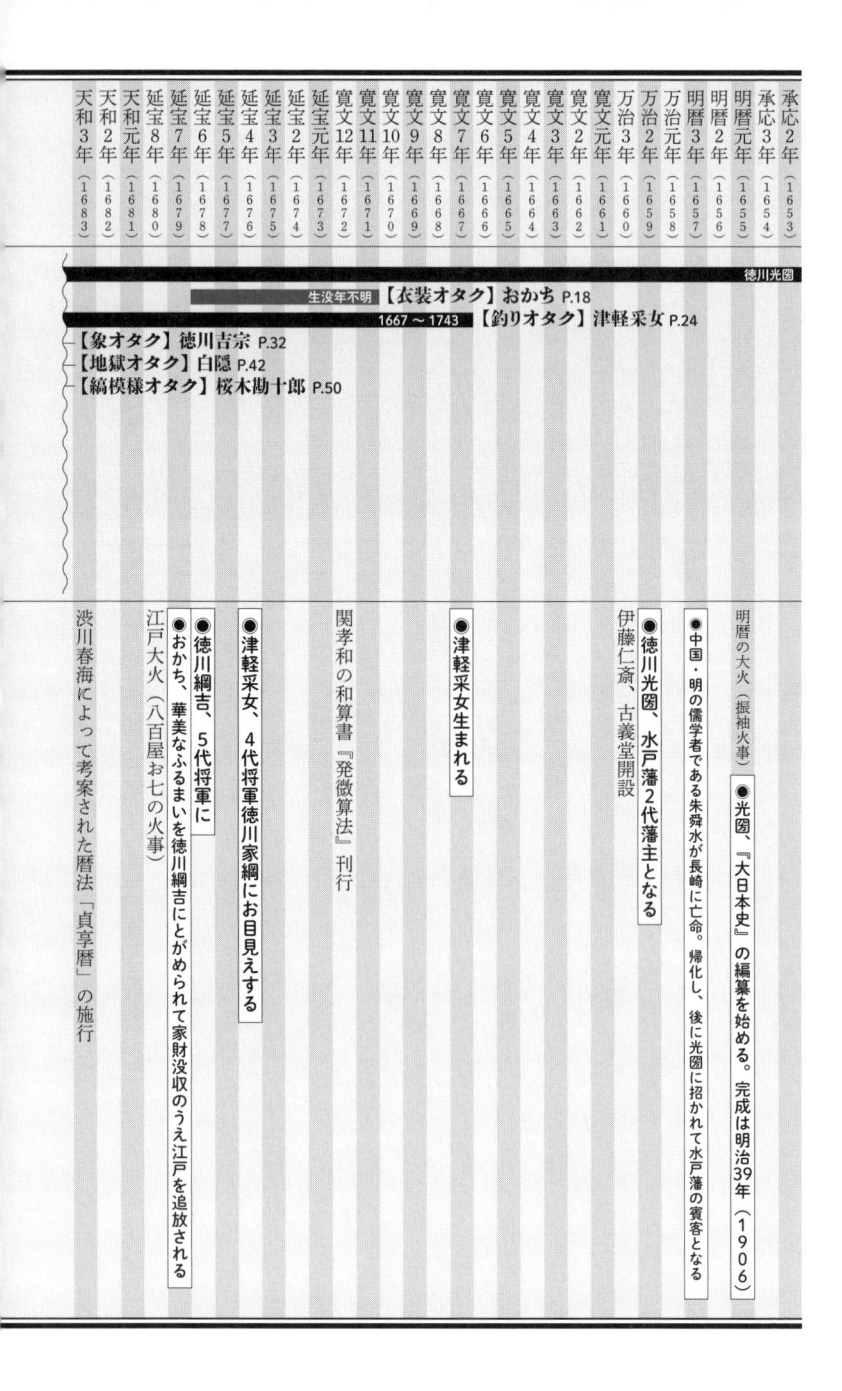

徳川光圀
生没年不明【衣装オタク】おかち P.18
1667～1743【釣りオタク】津軽采女 P.24
【象オタク】徳川吉宗 P.32
【地獄オタク】白隠 P.42
【縞模様オタク】桜木勘十郎 P.50

明暦の大火（振袖火事）
●光圀、『大日本史』の編纂を始める。完成は明治39年（1906）
●中国・明の儒学者である朱舜水が長崎に亡命。帰化し、後に光圀に招かれて水戸藩の賓客となる
●徳川光圀、水戸藩2代藩主となる
伊藤仁斎、古義堂開設
●津軽采女生まれる
関孝和の和算書『発微算法』刊行
●津軽采女、4代将軍徳川家綱にお目見えする
●徳川綱吉、5代将軍に
●おかち、華美なふるまいを徳川綱吉にとがめられて家財没収のうえ江戸を追放される
江戸大火（八百屋お七の火事）
渋川春海によって考案された暦法「貞享暦」の施行

貞享元年（1684）	最初の生類憐みの令が出される ●徳川吉宗生まれる
貞享2年（1685）	●白隠生まれる
貞享3年（1686）	
貞享4年（1687）	●生類憐みの令発布。以後も繰り返し発令
元禄元年（1688）	元禄年間の前後、京・大坂を中心とした上方文化（元禄文化）が花開く。井原西鶴、近松門左衛門、松尾芭蕉らが活躍
元禄2年（1689）	松尾芭蕉、『奥の細道』の旅に出る　渋川春海、許可を得て本所に天文台を建設
元禄3年（1690）	●水戸光圀、隠居 ドイツ人ケンペル、オランダ商館医師として来日。帰国後『日本誌』の草稿執筆
元禄4年（1691）	
元禄5年（1692）	
元禄6年（1693）	
元禄7年（1694）	
元禄8年（1695）	渋川春海、地球儀を制作
元禄9年（1696）	
元禄10年（1697）	
元禄11年（1698）	
元禄12年（1699）	
元禄13年（1700）	●徳川光圀没す
元禄14年（1701）	
元禄15年（1702）	赤穂事件起こる
元禄16年（1703）	元禄地震
宝永元年（1704）	
宝永2年（1705）	
宝永3年（1706）	
宝永4年（1707）	宝永地震、宝永の噴火（富士山）
宝永5年（1708）	
宝永6年（1709）	5代将軍徳川綱吉没す。家宣が6代将軍に　貝原益軒『大和本草』刊
宝永7年（1710）	●白隠、京都の北白川で仙人の白幽子に「軟酥の法」を学ぶ
正徳元年（1711）	
正徳2年（1712）	6代将軍徳川家宣没す
正徳3年（1713）	徳川家継が7代将軍に
正徳4年（1714）	●絵島生島事件

1684 ～ 1751

1685 ～ 1768

生没年不明

生没年不明

【猫オタク】薄雲大夫 P.56

●この頃、桜木勘十郎、薄雲太夫活躍

●津軽采女、赤穂事件で義父の吉良義央が殺害されると、まっさきに駆けつけたという

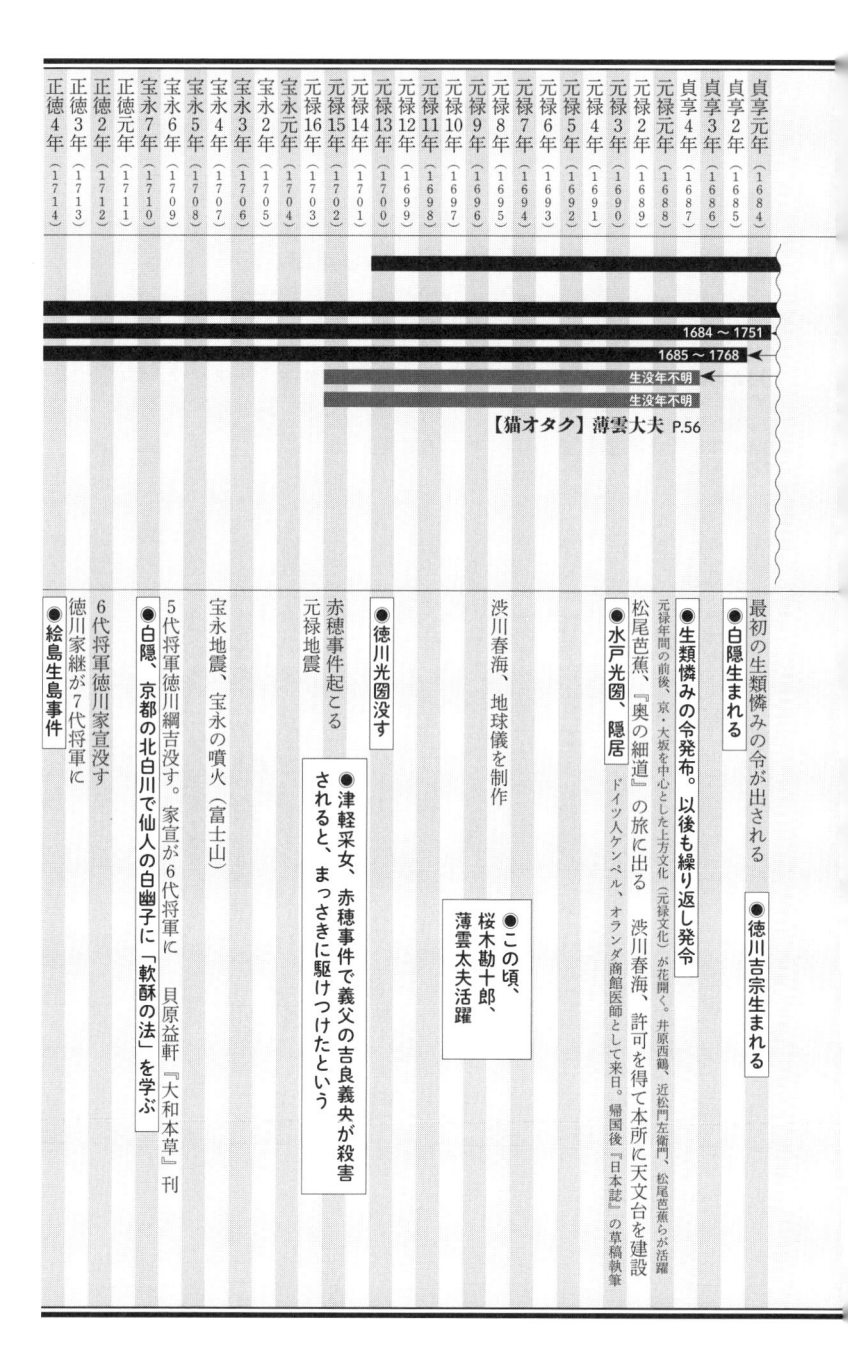

人物	生没年	参照
【奇石オタク】木内石亭	1724 ～ 1808	P.62
津軽采女		
徳川吉宗		
白隠		
【茶屋娘オタク】鈴木春信	? ～ 1770	P.70
【怪奇オタク】稲生平太郎	1735 ～ 1803	P.78
【貝石オタク】木村蒹葭堂	1736 ～ 1802	P.86
【奇談オタク】根岸鎮衛	1737 ～ 1815	P.102
【のぞき眼鏡オタク】司馬江漢		P.110

正徳5年（1715）	
享保元年（1716）	●徳川吉宗が8代将軍となり、享保の改革を進める
享保2年（1717）	
享保3年（1718）	
享保4年（1719）	
享保5年（1720）	
享保6年（1721）	●徳川吉宗、小石川薬園を設置
享保7年（1722）	
享保8年（1723）	●日本最古の釣り専門書である津軽采女の『何羨録』成立
享保9年（1724）	●木内石亭生まれる
享保10年（1725）	●この頃、鈴木春信生まれるか
享保11年（1726）	
享保12年（1727）	
享保13年（1728）	●ベトナムからゾウ2頭が来日
享保14年（1729）	●ゾウ、徳川吉宗に献上のため江戸へ向けて長崎を出発
享保15年（1730）	●幕府、ゾウの引き取りてを募集開始
享保16年（1731）	
享保17年（1732）	▲享保の飢饉
享保18年（1733）	
享保19年（1734）	●津軽采女、家督を養子に譲り隠居生活を送る
享保20年（1735）	●稲生平太郎生まれる
元文元年（1736）	●木村蒹葭堂生まれる
元文2年（1737）	●根岸鎮衛生まれる
元文3年（1738）	
元文4年（1739）	▲陸奥や安房などの沿海にロシア艦隊が出没
元文5年（1740）	
寛保元年（1741）	●幕府から払い下げられたゾウが中野村の象小屋に移動
寛保2年（1742）	●ゾウ、死ぬ
寛保3年（1743）	●津軽采女没す
延享元年（1744）	
延享2年（1745）	

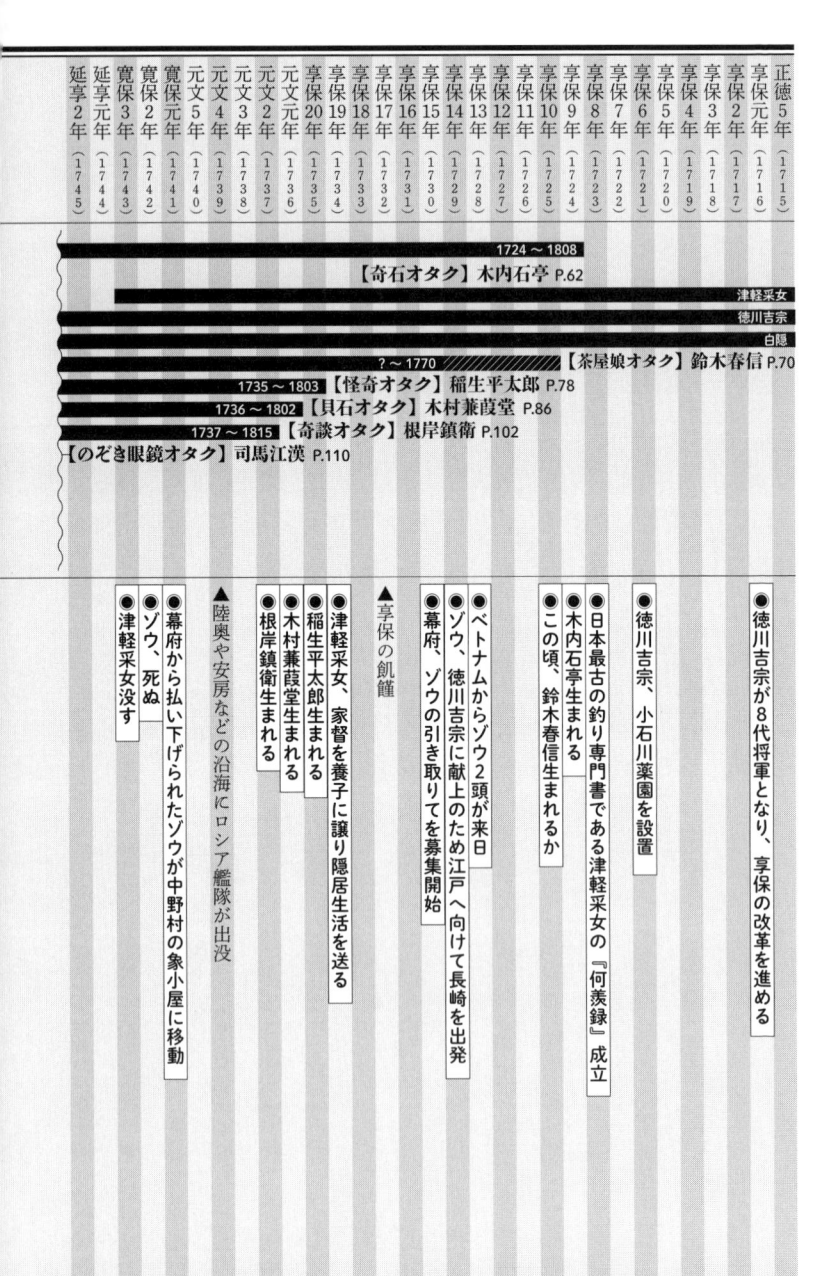

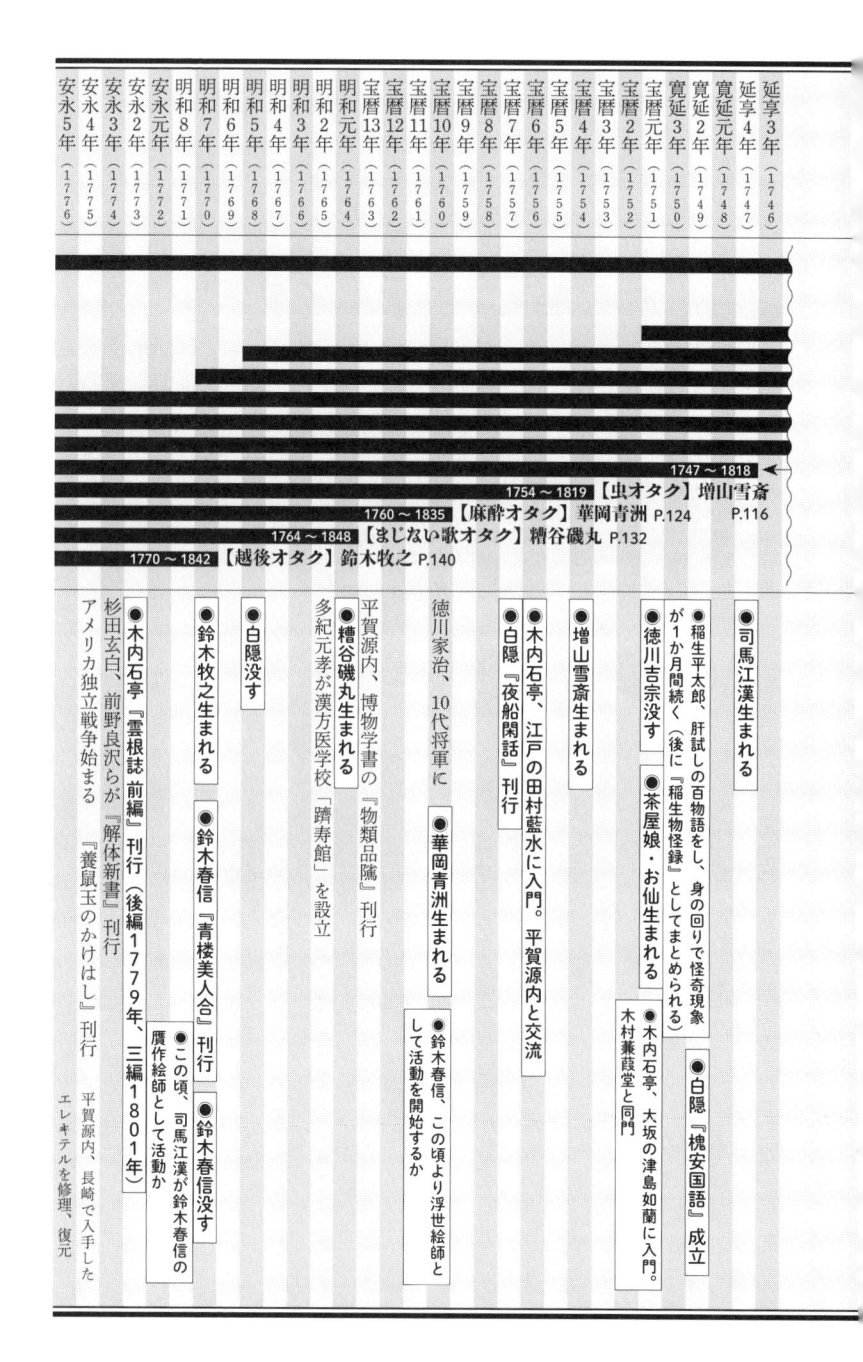

年	出来事
延享3年（1746）	●司馬江漢生まれる
延享4年（1747）	
寛延元年（1748）	
寛延2年（1749）	●稲生平太郎、肝試しの百物語をし、身の回りで怪奇現象が1か月間続く（後に『稲生物怪録』としてまとめられる） ●白隠『槐安国語』成立
寛延3年（1750）	
宝暦元年（1751）	●徳川吉宗没す ●茶屋娘・お仙生まれる ●木内石亭、大坂の津島如蘭に入門。木村蒹葭堂と同門
宝暦2年（1752）	
宝暦3年（1753）	
宝暦4年（1754）	●増山雪斎生まれる
宝暦5年（1755）	
宝暦6年（1756）	●木内石亭、江戸の田村藍水に入門。平賀源内と交流
宝暦7年（1757）	●白隠『夜船閑話』刊行
宝暦8年（1758）	
宝暦9年（1759）	
宝暦10年（1760）	徳川家治、10代将軍に ●華岡青洲生まれる ●鈴木春信、この頃より浮世絵師として活動するか
宝暦11年（1761）	
宝暦12年（1762）	
宝暦13年（1763）	平賀源内、博物学書の『物類品隲』刊行
明和元年（1764）	●糟谷磯丸生まれる
明和2年（1765）	多紀元孝が漢方医学校「躋寿館」を設立
明和3年（1766）	
明和4年（1767）	
明和5年（1768）	●白隠没す
明和6年（1769）	
明和7年（1770）	●鈴木牧之生まれる ●鈴木春信『青楼美人合』刊行 ●鈴木春信没す
明和8年（1771）	●この頃、司馬江漢が鈴木春信の贋作絵師として活動か
安永元年（1772）	
安永2年（1773）	●木内石亭『雲根誌 前編』刊行（後編1779年、三編1801年）
安永3年（1774）	杉田玄白、前野良沢らが『解体新書』刊行
安永4年（1775）	アメリカ独立戦争始まる 『養鼠玉のかけはし』刊行
安永5年（1776）	平賀源内、長崎で入手したエレキテルを修理、復元

1747～1818

1754～1819【虫オタク】増山雪斎 P.116

1760～1835【麻酔オタク】華岡青洲 P.124

1764～1848【まじない歌オタク】糟谷磯丸 P.132

1770～1842【越後オタク】鈴木牧之 P.140

安永6年（1777）
安永7年（1778）
安永8年（1779）
安永9年（1780）
天明元年（1781）
天明2年（1782）
天明3年（1783）
天明4年（1784）
天明5年（1785）
天明6年（1786）
天明7年（1787）
天明8年（1788）
寛政元年（1789）
寛政2年（1790）
寛政3年（1791）
寛政4年（1792）
寛政5年（1793）
寛政6年（1794）
寛政7年（1795）
寛政8年（1796）
寛政9年（1797）
寛政10年（1798）
寛政11年（1799）
寛政12年（1800）
享和元年（1801）
享和2年（1802）
享和3年（1803）
文化元年（1804）
文化2年（1805）
文化3年（1806）
文化4年（1807）

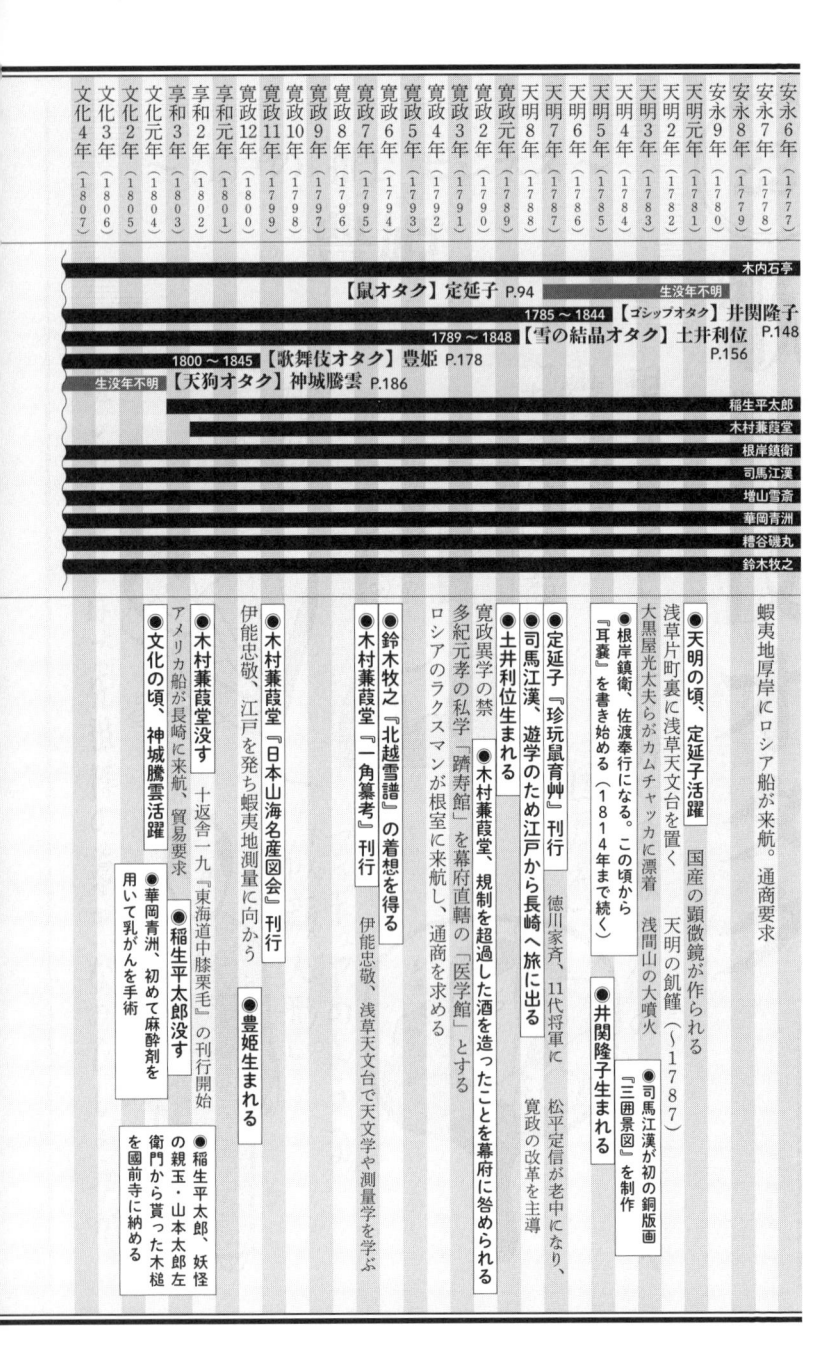

木内石亭

生没年不明 【鼠オタク】定延子 P.94

1785～1844【ゴシップオタク】井関隆子 P.148

1789～1848【雪の結晶オタク】土井利位 P.156

1800～1845【歌舞伎オタク】豊姫 P.178

生没年不明【天狗オタク】神城騰雲 P.186

稲生平太郎

木村蒹葭堂

根岸鎮衛

司馬江漢

増山雪斎

華岡青洲

糟谷磯丸

鈴木牧之

蝦夷地厚岸にロシア船が来航。通商要求

◉天明の頃、定延子活躍

国産の顕微鏡が作られる

浅草片町裏に浅草天文台を置く

天明の飢饉（～1787）

大黒屋光太夫らがカムチャッカに漂着

浅間山の大噴火

◉司馬江漢が初の銅版画『三囲景図』を制作

◉根岸鎮衛、佐渡奉行になる。この頃から『耳嚢』を書き始める（1814年まで続く）

◉井関隆子生まれる

◉定延子『珍玩鼠育艸』刊行

徳川家斉、11代将軍に

松平定信が老中になり、寛政の改革を主導

◉司馬江漢、遊学のため江戸から長崎へ旅に出る

◉土井利位生まれる

寛政異学の禁

◉木村蒹葭堂、規制を超過した酒を造ったことを幕府に咎められる

多紀元孝の私学「躋寿館」を幕府直轄の「医学館」とする

ロシアのラクスマンが根室に来航し、通商を求める

◉鈴木牧之『北越雪譜』の着想を得る

◉木村蒹葭堂『一角纂考』刊行

伊能忠敬、浅草天文台で天文学や測量学を学ぶ

◉木村蒹葭堂『日本山海名産図会』刊行

伊能忠敬、江戸を発ち蝦夷地測量に向かう

◉豊姫生まれる

◉木村蒹葭堂没す

十返舎一九『東海道中膝栗毛』の刊行開始

アメリカ船が長崎に来航、貿易要求

◉稲生平太郎没す

◉文化の頃、神城騰雲活躍

◉華岡青洲、初めて麻酔剤を用いて乳がんを手術

◉稲生平太郎、妖怪の親玉・山本太郎左衛門から貰った木槌を國前寺に納める

文化5年（1808）
文化6年（1809）
文化7年（1810）
文化8年（1811）
文化9年（1812）
文化10年（1813）
文化11年（1814）
文化12年（1815）
文化13年（1816）
文化14年（1817）
文政元年（1818）
文政2年（1819）
文政3年（1820）
文政4年（1821）
文政5年（1822）
文政6年（1823）
文政7年（1824）
文政8年（1825）
文政9年（1826）
文政10年（1827）
文政11年（1828）
文政12年（1829）
天保元年（1830）
天保2年（1831）
天保3年（1832）
天保4年（1833）
天保5年（1834）
天保6年（1835）
天保7年（1836）
天保8年（1837）
天保9年（1838）

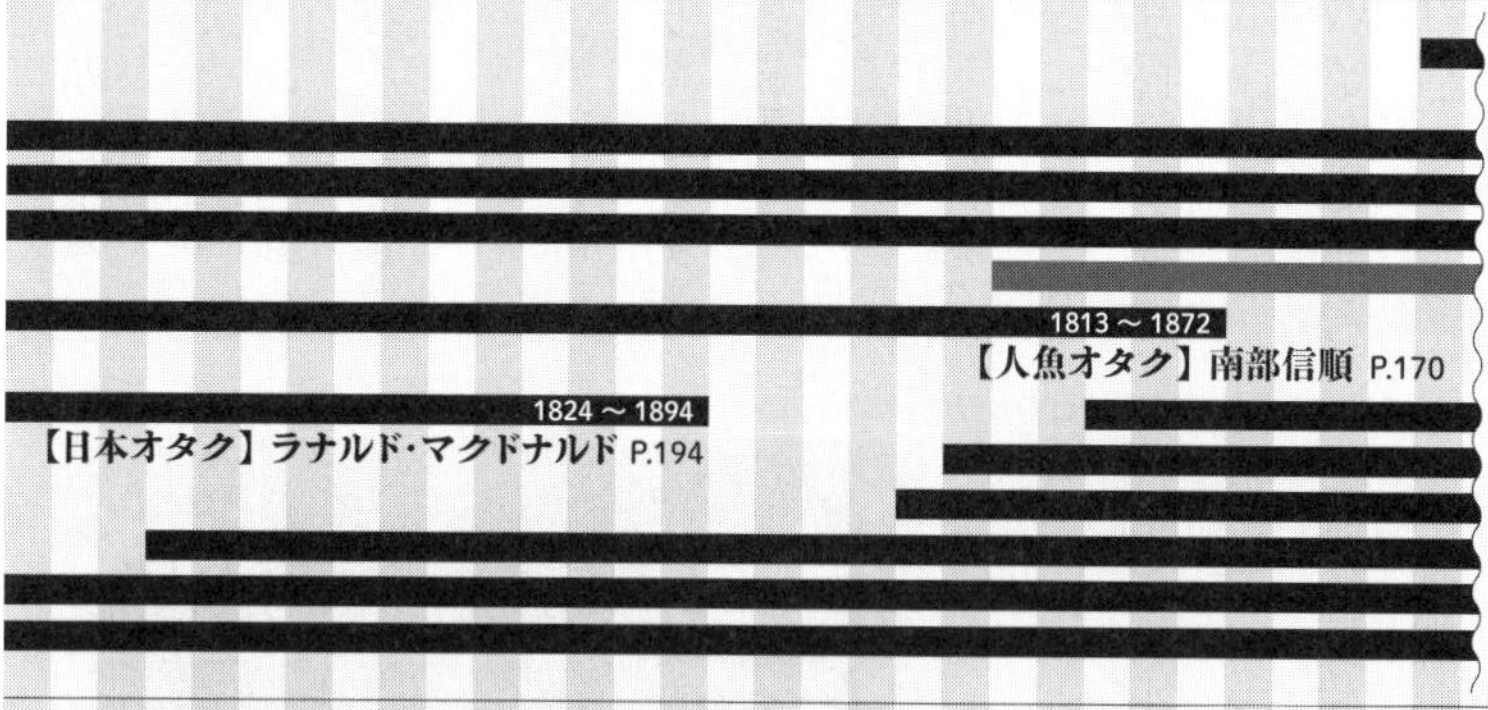

間宮林蔵、樺太が島であることを確認

●木内石亭没す

●この年、江戸の藤川道場の内弟子神城四郎兵衛正清というものが天狗に連れ去られ、修行の末に神城騰雲の名をもらったという

蘭書などの翻訳機関である蛮書和解御用を設置

●司馬江漢、自身の死亡通知を知人に送って逼塞する

●南部信順生まれる

●根岸鎮衛没す

●司馬江漢没す

●増山雪斎没す

●豊姫、行列の駕籠の中から当時流行の歌舞伎『助六』を見物したことで、「押し込め」の処分を受ける

天狗に連れ去られた寅吉という少年が江戸に戻り、話題になる

伊能忠敬『大日本沿海輿地全図』完成

平田篤胤が、寅吉少年から聞き出した話を『仙境異聞』として刊行

●ラナルド・マクドナルド生まれる

シーボルト、長崎に鳴滝塾を開く

異国船打払令発布

シーボルトが絵師・川原慶賀を連れて長崎から江戸へ旅立つ

●茶屋娘・お仙没す

シーボルト事件

文政11年に秋山郷を訪れた鈴木牧之の見聞記『秋山紀行』が書きあがる　この頃から葛飾北斎『富嶽三十六景』版行

●土井利位『雪華図説』刊行

天保の飢饉（〜1839）　歌川広重『東海道五十三次』版行

●華岡青洲没す

大塩平八郎の乱起こる　徳川家慶、12代将軍に

●鈴木牧之『北越雪譜 初編』刊行

●井関隆子『さくら雄物かたり』を執筆

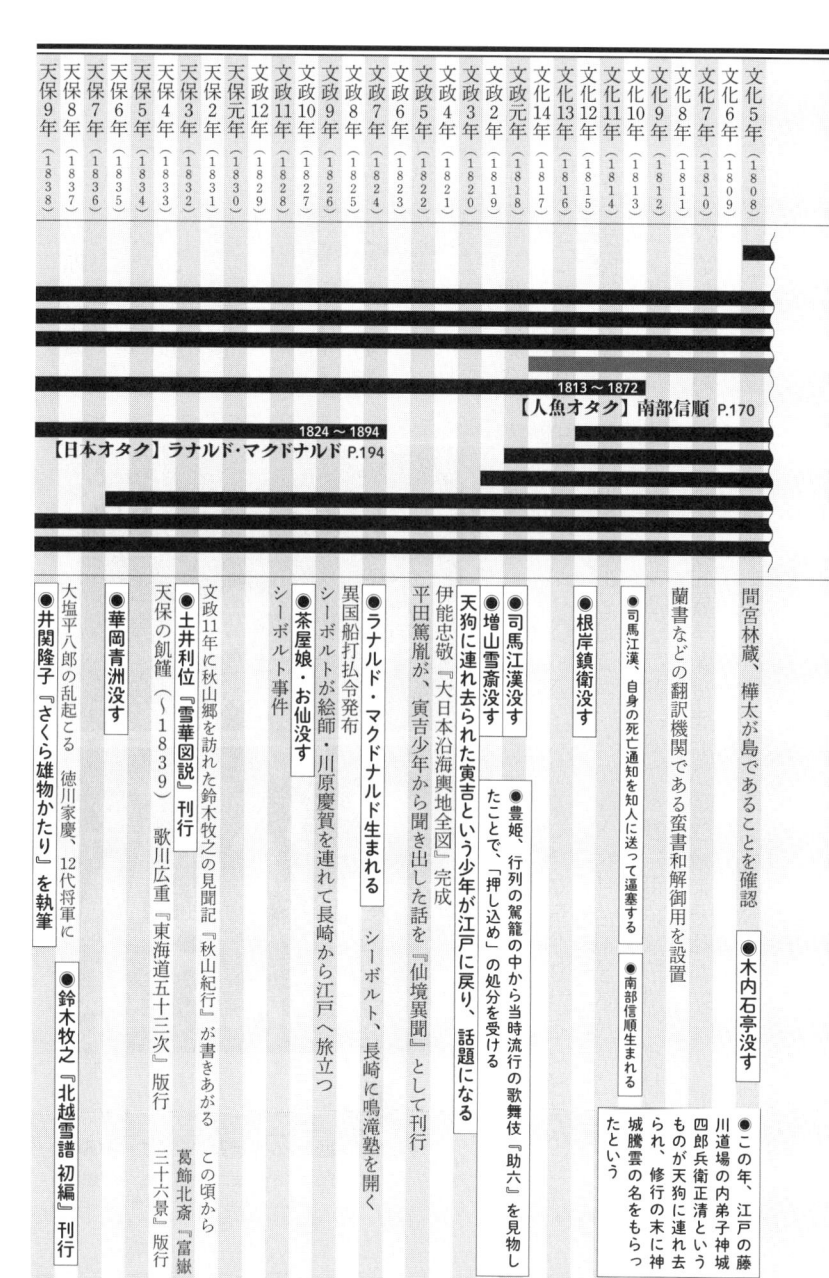

天保10年（1839） 天保11年（1840） 天保12年（1841） 天保13年（1842） 天保14年（1843） 弘化元年（1844） 弘化2年（1845） 弘化3年（1846） 弘化4年（1847） 嘉永元年（1848） 嘉永2年（1849） 嘉永3年（1850） 嘉永4年（1851） 嘉永5年（1852） 嘉永6年（1853） 安政元年（1854） 安政2年（1855） 安政3年（1856） 安政4年（1857） 安政5年（1858） 安政6年（1859） 万延元年（1860） 文久元年（1861） 文久2年（1862） 文久3年（1863） 元治元年（1864） 慶応元年（1865） 慶応2年（1866） 慶応3年（1867） 明治元年（1868） 明治2年（1869）

【朝顔オタク】弥之助　生没年不明
P.164

井関隆子

土井利位

豊姫

南部信順

ラナルド・マクドナルド

糟谷磯丸

鈴木牧之

天保11年（1840）
●井関隆子『井関隆子日記』の執筆開始（1844年10月11日まで）
●土井利位『続雪華図説』刊行
アヘン戦争起こる

天保12年（1841）
●鈴木牧之『北越雪譜二編』刊行

天保13年（1842）
●鈴木牧之没す
●南部信順、陸奥八戸藩藩主南部家9代に

弘化元年（1844）
●井関隆子没す
佐久間象山、オランダの『ショメール百科事典』によってガラスを制作。さらにこの本により写真機、望遠鏡なども制作

弘化2年（1845）
●豊姫没す

弘化4年（1847）
●八戸南部氏庭園が造られる

嘉永元年（1848）
●土井利位没す
●糟谷磯丸没す
●ラナルド・マクドナルド、日本に密入国する
オランダから銀板写真術が長崎に持ち込まれる

嘉永2年（1849）
●ラナルド・マクドナルド、アメリカの軍艦プレブル号の船長に引き渡される

●嘉永・安政の頃、弥之助活躍

嘉永6年（1853）
ペリー、浦賀に来航。またロシア使節プチャーチンが長崎に来航

安政元年（1854）
日米和親条約調印。またイギリス、ロシアとも和親条約を調印

安政2年（1855）
パリ万国博覧会開催

安政3年（1856）
洋学所を蕃書調所と改称　アメリカ総領事ハリスが下田に着任

安政5年（1858）
井伊直弼、大老に就く

安政6年（1859）
横浜・長崎・函館でロシア・フランス・イギリス・オランダ・アメリカとの自由貿易が許可
ダーウィン『種の起源』刊行

万延元年（1860）
桜田門外の変

慶応3年（1867）
明治天皇即位　「ええじゃないか」起こる　大政奉還の上表提出。江戸幕府滅亡

明治元年（1868）
神仏分離令により廃仏毀釈起こる　江戸を東京と改称　明治改元
●八戸藩、野辺地で弘前藩と交戦

明治2年（1869）
●版籍奉還により藩主信順が藩知事に

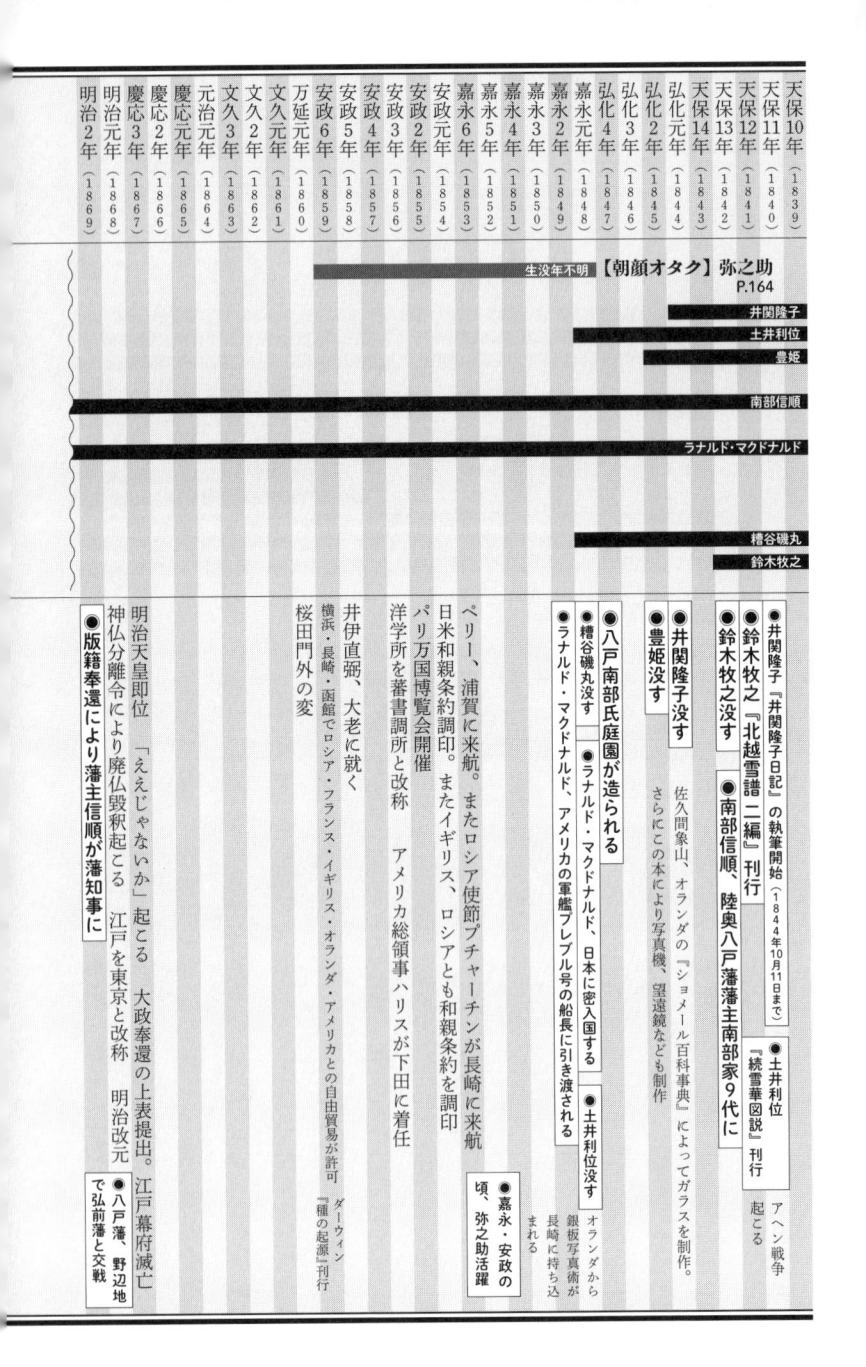

明治3年（1870）	
明治4年（1871）	廃藩置県　岩倉使節団出発
明治5年（1872）	◉南部信順没す　新橋・横浜間に鉄道開業　太陽暦の採用（この年の12月3日を明治6年の1月1日とした）
明治6年（1873）	
明治7年（1874）	読売新聞創刊
明治8年（1875）	
明治9年（1876）	
明治10年（1877）	西南戦争開始　東京大学設立　モース、大森貝塚を発掘開始
明治11年（1878）	
明治12年（1879）	
明治13年（1880）	
明治14年（1881）	
明治15年（1882）	
明治16年（1883）	鹿鳴館開館
明治17年（1884）	
明治18年（1885）	
明治19年（1886）	
明治20年（1887）	
明治21年（1888）	
明治22年（1889）	大日本帝国憲法の制定　東海道線全通
明治23年（1890）	第1回帝国議会開催
明治24年（1891）	
明治25年（1892）	
明治26年（1893）	
明治27年（1894）	日清戦争宣戦布告　◉ラナルド・マクドナルド没す

辛酸なめ子

しんさん・なめこ

漫画家、イラストレーター、コラムニスト。1974年東京都生れ、埼玉県育ち。武蔵野美術大学短期大学部デザイン科グラフィックデザイン専攻卒業。興味対象はセレブ、芸能人、精神世界、開運、風変わりなイベントなど。鋭い観察眼と妄想力で女の煩悩を全方位に網羅する画文で人気を博す。著書に『スピリチュアル系のトリセツ』『無心セラピー』『女子校礼讃』『電車のおじさん』『新・人間関係のルール』など多数。

江戸時代のオタクファイル

令和七年二月二〇日　初版発行

著者　辛酸なめ子
発行者　伊住公一朗
発行所　株式会社 淡交社
本社　〒六〇三－八五八八　京都市北区堀川通鞍馬口上ル
営業　〇七五－四三二－五一五六
編集　〇七五－四三二－五一六一
支社　〒一六二－〇〇六一　東京都新宿区市谷柳町三九－一
営業　〇三－五二六九－七九四一
編集　〇三－五二六九－一六九一
www.tankosha.co.jp

装丁　杉山健太郎
印刷・製本　亜細亜印刷株式会社

ISBN978-4-473-04652-9